DE
L'ORGANISATION

DES

FORCES CONSERVATRICES SOCIALES

CONTRE LE

SOCIALISME COLLECTIVISTE

PAR

JOSEPH C. CORTIS

———

4° ÉDITION

LIBRAIRIE RELIGIEUSE H. OUDIN

PARIS | POITIERS
10, RUE DE MÉZIÈRES, 10 | 4, RUE DE L'ÉPERON, 4

1896

DE
L'ORGANISATION

DES

FORCES CONSERVATRICES SOCIALES

CONTRE LE

SOCIALISME COLLECTIVISTE

DE

L'ORGANISATION

DES

FORCES CONSERVATRICES SOCIALES

CONTRE LE

SOCIALISME COLLECTIVISTE

PAR

Joseph C. CORTIS

4ᵉ ÉDITION

LIBRAIRIE RELIGIEUSE H. OUDIN

PARIS
10, RUE DE MÉZIÈRES, 10

POITIERS
4, RUE DE L'ÉPERON, 4

1896

PRÉFACE

Jamais le manque de cohésion et d'organisation des forces vives du pays ne s'est fait aussi cruellement sentir qu'à présent. La crise redoutable qui est venue s'ajouter aux conditions déjà si difficiles que traverse la France, nous impose plus que jamais des devoirs à la hauteur des dangers !

Tandis que, d'un bout à l'autre de l'Europe, le radicalisme révolutionnaire et le socialisme se réjouissent de voir leurs partisans de France, après avoir fait main basse sur tout ce qui constituait la grandeur vraie de ce pays, s'emparer sans aucune difficulté du pouvoir ; les catholiques et les hommes honnêtes et sensés de toute l'Europe s'étonnent, et non à tort, de voir la grande

majorité des Français se laisser dominer
par une minorité sectaire et turbulente
qu'elle pourrait écraser dans ses mains.
Comment ! se demande-t-on de tous côtés,
dans un pays qui jusqu'à présent a marché
à la tête de cette grande civilisation catholique qui a transformé le monde, on peut
aujourd'hui attenter si hardiment aux dernières libertés de l'Eglise et de la société
sans que tous ceux qui ont souci des vrais
intérêts de leur patrie s'unissent en masse
pour défendre les quelques droits et les
rares libertés qui leur restent encore ?

Français ! continuerez-vous encore à donner cet attristant spectacle à l'Europe ?

Dans un moment où les populations catholiques belges, celles d'Allemagne, d'Angleterre, d'Irlande, d'Amérique et encore aujourd'hui d'Italie, par les plus éclatantes
victoires qu'elles remportent sur les socialistes, font monter si haut leur renommée,
resterez-vous spectateurs indolents devant la
ruine de tout ce que vous avez de plus cher,
de tout ce qui a fait la grandeur et la gloire

de votre pays ? La France aura-t-elle donc
vécu ? Au lieu de se réveiller et d'agir, à
l'approche des nouveaux et plus redoutables
dangers qui la menacent, restera-t-elle im-
passible, attendant encore son salut de
quelque imprévue complication politique,
au lieu de le chercher dans ses propres
forces, comme font les catholiques des autres
nations ?

Non ! Le temps du sommeil, des discussions inutiles, des protestations stériles, des
vaines expectatives est passé, pour faire place
au temps des viriles résolutions. Il faut agir
et agir avec énergie ; mais pour cela il faut
s'unir et s'organiser ; car ce n'est que dans
l'organisation de toutes les forces sociales que
la France retrouvera sa force et son salut.

En face d'un tel but à atteindre, j'ai cru
bon de publier, dans des circonstances aussi
pressantes, une nouvelle édition de ce travail, qui n'est qu'un résumé de ce qu'ont
fait nos confrères des autres nations pour
secouer le joug sectaire, juif et socialiste.
L'accueil sympathique, les encouragements

unanimes et également flatteurs du Saint-Siège, de presque tout l'Episcopat français, des principaux hommes d'action et des meilleurs organes de la presse française et étrangère, qui saluèrent sa première apparition, sont pour moi un gage assuré des importants services qu'il peut rendre.

Dans la partie politique de l'ouvrage, je n'ai rien voulu ajouter à ce que j'avais dit, lors de la première édition, pour mieux démontrer les résultats immenses que la France, à l'exemple des autres nations, aurait pu obtenir depuis lors, si elle avait écouté les conseils de Léon XIII, et les avait mis en pratique.

Puissent ces pages atteindre leur but, et aider la France, qui fut jadis si grande et si glorieuse, à reprendre le rôle important que la Providence et les siècles lui ont assigné au milieu de la grande famille humaine.

Paris, 19 mars 1896.

Jos. C. CORTIS.

INTRODUCTION.

Je m'en souviens comme si c'était d'hier.

Depuis une demi-heure, j'étais là, assis près de l'auguste Pontife qui venait de remuer si profondément la France par sa parole et ses enseiguements.

Je savais déjà tout ce que son cœur renfermait d'amour pour la Fille aînée de l'Église. Mais, lorsque je le vis se transfigurer en parlant de ce pays, qui lui est si cher; lorsque je l'entendis donner à son accent je ne sais quoi de vigoureux, de pathétique et de tendre à la fois; lorsque pressant, animé, il me montra, avec des clartés merveilleuses, le rôle immense qu'en se conformant aux enseignements pontificaux, la

France pouvait jouer dans la grande transformation sociale, je me sentis saisi, subjugué d'admiration. Ma pensée, je l'avoue sans peine, ne suivait que de loin celle du Pontife, qui s'élevait aux plus sublimes hauteurs. Lorsqu'il s'arrêta, je ne pouvais concevoir qu'il y eût encore en France des catholiques assez aveugles pour se méprendre sur les intentions de Léon XIII, et pour lui opposer une si déplorable résistance.

Mais cet entretien me réservait d'autres surprises. L'orateur convaincu et animé fit place au tacticien réfléchi, au général qui dresse froidement le plan de l'attaque. Le Pape commença à parler de la nécessité qu'il y avait d'organiser les Forces conservatrices[1]. Il dit quelle était la puissance de l'organisation; il rappela que des minorités de sectaires réussissaient, en s'unissant, en se concentrant, à dominer des majorités catholiques, dans les pays où les catholiques n'avaient pas su s'organiser, et que, tout au contraire, des minorités conservatrices, en

---

1. Voir à la note de la page 1, ce que nous entendons par Forces conservatrices.

se disciplinant, en s'organisant, avaient réussi à faire respecter leurs libertés et leurs droits, et à obliger les pouvoirs à compter avec elles.

Parlant ensuite de la France et des avantages qui résulteraient pour ce pays d'une solide organisation des forces conservatrices, il ajouta que le moment était venu pour les catholiques français, et pour tous les honnêtes gens, de descendre hardiment dans l'arène et d'opposer presse à presse, école à école, association à association, organisation à organisation. La Providence leur ayant accordé tous les moyens de se relever, il y aurait un réel danger pour eux de laisser ces armes se rouiller, et d'attendre le salut d'un revirement soudain ou d'un coup de Providence, alors surtout que les armées du mal s'organisent, se disciplinent, se coalisent en vue de combattre les armées du bien.

Après un moment de silence, il reprit à peu près en ces termes :

Oui, si les Français veulent que leur patrie retrouve son ancienne grandeur et son influence, il faut qu'ils organisent toutes leurs forces vives, afin de sauvegarder ces institutions chrétiennes qui ont été la source de leur grandeur séculaire, et qui seront pour eux l'instrument d'un avenir plus glorieux encore.

Les catholiques belges sont venus à bout des lois qui les opprimaient; depuis 1884, ils se maintiennent victorieusement au pouvoir. Ces succès, ils les ont obtenus parce qu'ils ont eu le courage de la lutte, parce qu'ils s'étaient puissamment organisés. Le centre allemand lui-même ne doit attribuer son triomphe qu'à son admirable discipline et à sa vaillante organisation. Ces exemples méritent d'être partout imités. Travaillez à procurer ce résultat.

« Travaillez à procurer ce résultat! » — Ces paroles, dites avec une bienveillance toute paternelle et que je ne pourrai jamais oublier, furent comme une révélation pour moi; elles me poussèrent à approfondir davantage une question qui me tenait au cœur, et sur laquelle j'avais déjà essayé de dire quelque chose. Et c'est ainsi que j'ai été amené à présenter aux lecteurs cette modeste étude sur l'organisation des forces conservatrices.

Mes faibles efforts ne répondront assurément pas à la grandeur de l'entreprise; mais, du moins, j'aurai apporté ma pierre pour la construction de l'édifice. J'ai le ferme espoir qu'un homme d'intelligence et de cœur tirera quelque profit de ces données pour pousser les Forces conservatrices françaises dans la voie que notre grand Pontife leur a ouverte, et que cette généreuse nation, fière de son glorieux passé et de ses modernes conquêtes, reprendra dans ce grand mouvement de transformation sociale, qui nous emporte, son rôle d'auxiliaire de la divine Providence!

DE L'ORGANISATION

DES

FORCES CONSERVATRICES[1]

PREMIÈRE PARTIE

AVANTAGES, PUISSANCE ET NÉCESSITÉ DE L'ORGANISATION.

CHAPITRE PREMIER.

Ce qu'ont été les dernières élections et ce qu'elles auraient pu être si les forces conservatrices avaient été organisées.

Les dernières élections et le désir formel d'apaisement dont elles témoignaient ont amené, pour une bonne part, les événements qui attiraient récemment sur la France l'attention de toute l'Europe. — On avait droit d'espérer que ce désir d'apaisement se manifesterait plus imposant encore et que radicaux et socialistes sortiraient du scrutin moins nombreux. — Causes qui ont contribué au succès de ces deux partis. — Moyens de conjurer leurs desseins. — But de cet ouvrage.

Des événements récents ont attiré sur la France l'attention de toute l'Europe.

1. Nous employons ce mot pour désigner, non tel ou tel parti

1

Ces événements, les esprits les plus prévenus ne sauraient le contester, ne sont que la conséquence des dernières élections. En renvoyant à la Chambre un nombre considérable d'hommes qui, d'une part, acceptaient sans arrière-pensée les libres institutions que le pays s'est données, et qui, de l'autre, offraient des garanties sérieuses d'esprit d'union politique, de modération et d'apaisement, la France a nettement manifesté sa volonté d'asseoir la stabilité gouvernementale et d'inaugurer une ère nouvelle de paix, de tolérance et de liberté [1].

Néanmoins, si tous les esprits de bonne foi sont d'accord pour reconnaître, avec le ministre qui présida à ces élections [2], « la formelle volonté

politique, mais l'ensemble des hommes de sens, amis de l'ordre, de la justice, et sagement soucieux des vrais intérêts de la société humaine.

1. Le *Nord*, l'organe de la chancellerie russe, commente ainsi le résultat de ces dernières élections :

« Dans les conditions que lui ont faites les dernières élections, il ne dépend que du ministère d'être ce gouvernement fort que tous les amis de la France souhaitent à la République. Le verdict du suffrage universel a placé le principe du gouvernement au-dessus de toute discussion : il s'agit maintenant de tirer de ce vote de confiance les conclusions pratiques qu'il comporte. Il faut que le ministère ait des ambitions plus hautes que celles de vivre. »

Jamais un organe officiel, surtout russe, n'avait parlé avec cette netteté et cette précision.

2. M. Charles Dupuy, président du Conseil des Ministres. Déclaration ministérielle du 21 novembre 1893.

d'apaisement et d'unité morale dont le dernier scrutin a manifestement témoigné[1] », tous aussi sont d'accord pour déclarer que la manifestation de cette volonté nationale n'est pas apparue avec cet ensemble imposant, avec cette unanimité et cette force irrésistibles que réclamait la grandeur du but à atteindre. L'on savait pourtant à merveille que, de l'issue de ces élections, dépendaient en grande partie les événements qui les ont suivies de près.

Fait palpable et avoué de tous! La politique suivie pendant plusieurs années n'avait eu pour résultat que d'enfanter la défiance au dehors et le désarroi à l'intérieur. A une heure solennelle où il s'agissait pour elle de racheter, par un de ces coups qui décident de l'avenir d'une nation, tout un passé d'impardonnables fautes, la France était en droit d'espérer que les radicaux, fauteurs d'une politique de division[2], ne revien-

1. Tandis que nous écrivions ces pages, M. Spuller, ministre de l'instruction publique constatait, en pleine Assemblée nationale, que « ce qui était possible et nécessaire en 1877 n'est plus aujourd'hui ni nécessaire ni possible, et deviendrait même dangereux. La Chambre nouvelle n'est plus animée de nos passions religieuses d'alors, et n'entend pas y apporter la même acuité que les Chambres précédentes. » (Séance du 3 mai 1894.)

2. Dans la séance du 3 mai 1894, M. Spuller venait à peine de parler avec son éloquence habituelle de l'*esprit nouveau* de tolérance et de liberté, lorsqu'à la voix de MM. Henri Brisson et Go-

draient pas si nombreux sur les bancs de la Chambre. Elle était encore en droit d'espérer que l'élément socialiste, qui travaille dans son sein à allumer la guerre entre les classes sociales, à attiser les haines, à jeter les masses ouvrières dans la gêne et la misère par des grèves sans cesse renouvelées, n'entrerait pas dans la nouvelle assemblée, enseignes déployées, comme il vient de le faire.

Le succès obtenu par ces deux éléments ne saurait cependant amoindrir, aux yeux de l'Europe et de la France elle-même, l'importance du fait qui se dégage des élections du 20 août et du 3 septembre 1893. Un calcul des plus élémentaires démontrerait jusqu'à l'évidence que ces élus, loin de représenter réellement l'opinion générale des masses de la région ou de la circonscription au nom de laquelle ils siègent, ne sont

blet, nous avons vu se réveiller tous ceux qui, pendant douze ans, avaient fait de la guerre religieuse une raison d'être des institutions républicaines. Pour apaiser le tumulte, il n'a rien moins fallu que la prompte intervention du président du Conseil, M. Casimir-Perier, qui, tout en approuvant la déclaration du ministre des cultes, a protesté qu'il ne reniait rien de l'œuvre passée, et qu'il maintiendrait fermement les lois scolaire et militaire. Si, lors des dernières élections, les conservateurs n'avaient pas déserté en masse le combat, M. Casimir-Perier eût-il été contraint de tenir un pareil langage? On eût sans doute préféré l'entendre parler d'une autre manière : que ne lui en fournissait-on le moyen?

en réalité que les mandataires de quelques milliers d'électeurs. Paris, par exemple, a donné à ces députés 6,338 voix sur 21,737 inscrits; 2,027 sur 12,935; 4,476 sur 16,341; 6,606 sur 24,093, etc.; Lyon en a nommé par 3,641 voix sur 12,600, par 2,433 sur 17,048; Marseille, par 5,411 sur 22,799, etc., etc. Quand on tient son mandat d'une si infime minorité, peut-on se proclamer l'élu du suffrage universel, le représentant de telle ville, de telle circonscription? La politique et les conditions actuelles du système électoral répondent : Oui; le bon sens se révolte et dit : Non!

Mais si, comme le prouvent les événements de Toulon, le succès partiel de ces députés n'enlève rien à la haute portée du fait qui se dégage des dernières élections, il n'en est pourtant pas moins vrai que ce succès tout d'apparence met aux mains d'une minorité remuante d'efficaces moyens d'action. Les radicaux et les socialistes peuvent, l'heure venue, faire une fois encore ce qu'ils firent au lendemain de Cronstadt : ils peuvent aujourd'hui comme alors renouveler les conflits, rouvrir les crises, compromettre les résultats que tant de sacrifices ont achetés.

Si l'on veut que la France retire de ces résultats tout le bien qu'elle s'en promettait, si l'on veut qu'elle reprenne en Europe le rang que les désastres de 1870 et ses fautes politiques lui ont fait perdre, si l'on veut qu'à l'aube du vingtième siècle elle soit à la tête du mouvement civilisateur qui a fait sa grandeur passée et qui fera sa gloire à venir, il faut à tout prix empêcher l'exécution des plans que méditent les radicaux [1] et les socialistes, et leur enlever tout rôle dans les destinées de la patrie.

Par leurs principes subversifs, les radicaux sapent dans les masses tout sentiment de respect envers la religion, l'autorité, les pouvoirs publics [2];

1. Voir à ce sujet l'interpellation de M. Brisson dans la séance du 3 mars 1894.

2. Au sujet de l'influence néfaste que le radicalisme français exerce sur les destinées du pays, la *Norddeutsche Allgemeine Zeitung* fait les réflexions suivantes :

« La presse libérale de France se montre, depuis quelques jours, fermement résolue à prendre au sérieux la défense de la société menacée par la dynamite et la nitroglycérine anarchistes.

« Aussi, la campagne décrétée contre les partisans de la propagande anarchiste a-t-elle fait naître, chez tous les honnêtes gens, l'espoir et la confiance.

« Cependant, si on examine les faits et la manière d'agir de la Chambre française, on reconnaît à première vue une véritable contradiction entre les actes et les paroles. On poursuit avec rigueur l'anarchie et le socialisme, et on est plein de condescendance pour les radicaux.

« L'anarchie, nous le savons, est la négation de toute autorité, de tout lien et de tout ordre social.

« Le radicalisme lui-même quelle place fait-il à l'autorité dans les théories qu'il professe. Aucune : car, plus que tout autre parti, le radicalisme semble avoir pris pour devise la devise im-

ils énervent les forces vitales de la patrie et la mettent dans l'impossibilité d'atteindre son but suprême. Quant aux socialistes, ils sont la néga-

ple de Voltaire : *Écrasons l'infâme,* traduite maintenant en cette autre : *Le prêtre, voilà l'ennemi de la société et de la patrie !*

« La destruction de tout respect vis-à-vis des supérieurs, le fait de représenter les dépositaires de l'autorité comme des malfaiteurs et des aides du bourreau, a toujours été le caractère distinctif des radicaux, qui n'ont rien trouvé de mieux que de modifier la maxime de Robespierre en celle-ci : *Le peuple est toujours innocent et le magistrat corruptible.*

« Il suffit de rappeler les principes et les œuvres d'Henri Rochefort, qui cependant ne doit pas son éducation au socialisme et à l'anarchie.

« Ainsi, il arrive qu'au Parlement français, on propose des lois de répression contre les anarchistes; mais, en fin de compte, les modifications introduites dans le système pénal sont peu importantes : on a peur d'irriter le parti radical et de violer les libertés existantes.

« Prenons pour exemple la loi nouvelle sur les abus de la presse. Elle ne punit en substance que l'excitation au crime, à l'incendie, à la destruction, au vol.

« Toutes les déclamations des radicaux contre les représentants de l'autorité, les invectives les plus injurieuses contre les pouvoirs constitués restent impunies.

« Nous ne parlons point ici dans l'intention de censurer les idées et les vues de ceux qui gouvernent actuellement la France; nous n'avons aucun motif de nous laisser aller à des critiques de ce genre. Notre but est de montrer par un fait sans réplique qu'aujourd'hui encore, sous le coup même d'un attentat dirigé contre toute la représentation du peuple, les radicaux conservent au sein de la Chambre des députés en France une telle puissance, que, dans toutes les mesures législatives à prendre, on regarde comme le premier des devoirs et des intérêts de ne pas déplaire à cette fraction de l'Assemblée. » (Décembre 1893.)

tion même de l'ordre providentiel qui régit le monde[1].

On ne s'est que trop chargé de confirmer de la manière la plus éclatante ces constatations de la *Norddeutsche Allgemeine Zeitung.*

Le 1er février 1894, M. Jules Guesde publia dans le *Matin* un article à sensation, où il affirmait sans ambages que pendant la Commune de Paris en 1871 les assassins furent, non pas dans l'enceinte de la ville, mais en dehors des murs; que ces assassins étaient, non pas les insurgés, les exécuteurs de deux généraux et de soixante-huit otages, les misérables qui incendiaient Paris, mais bien les chefs légaux du gouvernement de la France et les soldats de l'armée nationale.

Les 28 et 29 janvier, à la suite de la séance de la Chambre du 27, les feuilles socialistes de toutes nuances étaient remplies de l'éloge du régime insurrectionnel de 1871.

A-t-on cherché à réprimer de tels excès de langage? Une tolérance qui permet à la presse de pousser toute une population à la révolution, sauf à en rendre responsables les chefs du gouvernement, n'est-elle pas due à l'influence néfaste exercée par les radicaux?

Et peut-on s'étonner si, deux semaines à peine après ces événements, le fils d'un colonel de la Commune a de nouveau terrorisé Paris en jetant une bombe dans un café plein de consommateurs?

1. Dès que l'on connut la composition de la Chambre actuelle, on pressentit tout de suite que le groupe socialiste, bien que trop minime pour jouer un rôle prépondérant, serait malheureusement assez nombreux, pour troubler bien souvent les séances par des incidents violents, et empêcher l'assemblée de se livrer à des travaux utiles et sérieux. Les faits ont encore dépassé les prévisions. Les nombreuses interpellations par lesquelles ce groupe a harcelé les ministères dès le commencement de la nouvelle législature, ont soulevé d'unanimes protestations, et nombre de journaux ont commencé une campagne contre cet abus. Dans la séance du 27 janvier 1894, les socialistes nous ont donné un échantillon du régime qu'ils réservent à la France.

De tels hommes, tout le monde en convient, ne doivent leur succès qu'à la faiblesse, à l'indiscipline, aux divisions, et surtout au défaut d'organisation des éléments conservateurs.

Il faut donc qu'en présence du péril commun, tous les éléments conservateurs, catholiques et hommes honnêtes, s'unissent sur le terrain constitutionnel et sur celui de la défense sociale. Il faut qu'ils aient conscience de leur force, mais plus encore de la nécessité d'une organisation puissante et pratique; il est nécessaire qu'ils sortent de l'inaction où ils sont restés jusqu'à ce jour, et prennent enfin les moyens les plus aptes à grouper et à mobiliser leurs forces.

Voilà le résultat que nous voudrions procurer, pour notre part, par ce modeste travail.

Nous y étudierons l'organisation des forces conservatrices dans les divers pays de l'Europe, ainsi que celle des forces socialistes; nous montrerons, par l'importance des résultats obtenus, quels sont les avantages et quelle est la puissance

Dès le début de cette séance, on avait fait l'apologie du livre le *Catéchisme du soldat*, dont l'auteur passait le même jour en cour d'assises; à la fin on a crié: *Vive la Commune!* A ce cri de ralliement du citoyen Thivrier, le député en blouse, les socialistes ont fait écho en répétant à leur tour : *Vive la Commune!* tandis que l'un d'entre eux, le citoyen Vaillant, profitait de l'occasion pour glorifier du haut de la tribune française cette insurrection monstrueuse et se vanter d'en avoir fait partie.

1.

de l'organisation; nous nous efforcerons ensuite de prouver que les forces conservatrices françaises sont, elles aussi, dans une impérieuse nécessité de s'organiser; puis, dans une seconde partie, nous rechercherons quels moyens pratiques et rationnels ces forces conservatrices de France peuvent mettre en œuvre pour arriver à ce but.

Puissent-elles enfin se convaincre! puissent-elles voir à quels malheurs elles exposent la patrie en négligeant de se rendre aux leçons de l'histoire et des événements!

Elles se montreront alors, nous n'en doutons pas, à la hauteur des devoirs qu'imposent les circonstances et les dangers de l'heure présente.

Le salut de la France est là!

CHAPITRE II.

Puissance et avantages de l'organisation démontrés par les résultats politiques et sociaux qu'ont obtenus les catholiques belges.

Diverses tentatives d'une organisation conservatrice française : leur insuccès. — Merveilleux résultats obtenus par les catholiques belges. — Ces résultats sont dus à une sage organisation. — Utilité qu'il y a d'étudier de près l'organisation catholique belge.

Qu'on nous permette de rappeler ici deux études que nous fîmes paraître en 1891 et en 1892, et qui reçurent, avec les encouragements du représentant de l'autorité la plus auguste, l'approbation des hommes les plus compétents[1]. Nous y indiquions ce qu'il fallait faire pour empêcher les radicaux et les socialistes de revenir à la Chambre en masses compactes et disciplinées. Nous y mettions aussi sous les yeux de nos lecteurs le plan rationnel d'une organisation des forces conserva-

1. *L'Action catholique en France*, par J.-C. C. Paris, Levé, 1891. *Appel à la France*, par J.-C. C. Paris, Levé, 1892.

trices, en ajoutant qu'il n'y avait pas un instant à perdre si l'on voulait que la France sortît de l'état lamentable dans lequel elle s'agitait.

Les événements ont prouvé jusqu'à quel point nous étions dans le vrai. Insister de nouveau sur ce sujet paraîtra peut-être superflu. Toutefois, puisque les faits se sont chargés de démontrer d'eux-mêmes la nécessité de cette organisation des forces conservatrices; puisque, de l'aveu des meilleurs esprits, c'est faute de cette organisation que des hommes qui avaient leur place marquée à la Chambre ont échoué devant le suffrage universel, nous croyons opportun et nécessaire de revenir sur une matière si importante, et de montrer pratiquement, par l'exemple des autres peuples, ce qu'on doit faire et comment il faut le faire.

Tout le monde commence à comprendre la nécessité de l'organisation, et nous ne pouvons que nous réjouir des tentatives multiples qui ont été faites depuis quelque temps, pour grouper les hommes de bonne volonté dans une action commune! Mais trop souvent, hélas! ce spectacle réconfortant s'assombrit par l'affaissement rapide de la plupart de ces nobles efforts qui échouent les uns et les autres, sans avoir atteint le but louable et patriotique qu'ils s'étaient proposé.

Au lieu de nous attarder à rechercher les causes diverses de ces insuccès, nous croyons ne pouvoir mieux entrer dans le vif de la question qu'en invitant le lecteur à nous suivre quelques instants en Belgique. *L'union fait la force :* telle est la devise de cette nation. Là, les éléments conservateurs, par leur organisation politique, religieuse et sociale, ont su remporter des victoires qui leur ont valu l'admiration du monde. Ils ont su imprimer au pays cette allure franche et décidée, qui, par l'entente cordiale de toutes les bonnes volontés, sans nuire au droit et à la liberté de personne, le fait marcher si résolûment à la solution pacifique des questions sociales.

Pour se faire une idée de la puissance de l'organisation des catholiques belges, il faut remonter au ministère Frère-Orban. Une loi inique sur l'enseignement avait provoqué dans tout le pays une agitation profonde; le nonce apostolique avait été congédié, et toute relation diplomatique avec le Saint-Siège rompue.

Au lieu de se perdre en de vaines récriminations ou d'attendre quelque secours providentiel, — espoir de tous ceux qui aiment à se lamenter sans se départir du *dolce far niente,* — les catholiques belges prirent une décision en rapport avec la gravité des circonstances. Ils se mirent à l'œuvre, bien décidés à secouer par tous les moyens honnêtes et légaux le joug de ceux qui foulaient aux pieds leurs droits et leurs libertés.

Nous verrons tout à l'heure par quels moyens et au prix de quels sacrifices ils surent remporter une de ces pacifiques victoires qui font honneur à un peuple; mais qu'on nous permette de dire dès maintenant que ces sacrifices furent féconds, que ces moyens furent souverainement efficaces, puisqu'ils eurent pour résultat de chasser les persécuteurs, de faire monter les catholiques au pouvoir, et de préparer de nouvelles et plus décisives victoires.

En effet, au mois de juin 1892, les régions de la Belgique, d'ordinaire aussi paisibles que laborieuses, présentaient une animation inaccoutumée. Partout des meetings, des réunions animées, parfois même violentes et tumultueuses. C'était la période électorale, à laquelle les circonstances donnaient un caractère de gravité exceptionnelle. Il s'agissait d'élire une Assemblée constituante, ayant pour mandat de reviser la Constitution[1].

1. Parlant de cette Constitution, le Souverain Pontife Léon XIII avait dit : « Les œuvres des hommes ne sont point parfaites. Le mal se trouve à côté du bien, l'erreur à côté de la vérité. Il en est ainsi de la Constitution belge. Elle consacre certains prin-

On sait que le système électoral, jusqu'alors en vigueur en Belgique, n'accordait le droit de vote qu'à tout citoyen majeur payant 21 francs d'impositions directes. Le nombre des électeurs était d'environ 133,000 sur une population de six millions d'habitants. Les partis avancés, croyant avoir plus facilement raison de leurs adversaires, s'efforçaient depuis longtemps de substituer à l'ancien système le suffrage universel. Pour arriver plus aisément à ce but, ils eurent soin de dissimuler leurs desseins révolutionnaires et antisociaux sous des formules qui semblaient ne revendiquer que les droits politiques des ouvriers et des améliorations économiques au sort des prolétaires; ainsi d'un problème essentiellement politique ils firent une question sociale. Des théories ils passèrent aux menaces, et posèrent cet *ultimatum* : « Ou suffrage universel, ou grève générale. » Le parti maçonnique libéral, espérant que cette lutte lui permettrait enfin de l'empor-

cipes que je ne saurais approuver comme Pape; mais la situation du catholicisme en Belgique, après une expérience d'un demi-siècle, démontre que, dans l'état actuel de la société moderne, le système de la liberté établi dans ce pays est le plus favorable à l'Église. Les catholiques belges doivent donc, non seulement s'abstenir d'attaquer cette Constitution, mais la défendre. »

C'est ce qui explique les attaques des partis avancés.

ter sur le parti conservateur, prit fait et cause pour les socialistes. Unis en phalanges compactes, ils se préparèrent à donner l'assaut aux pouvoirs.

Les hommes les plus éminents de la droite parlementaire et les membres les plus en vue du ministère Beernaert, étaient, eux aussi, persuadés de la nécessité de se conformer aux exigences des temps en élargissant le droit de vote. Mais, convaincus qu'une question de si haute importance réclamait une réflexion sérieuse et une sage discussion, ils résolurent de répondre à l'*ultimatum* socialiste en procédant à la revision de la Constitution. Cette solution qui, sans écarter l'élargissement du vote, mettait la question du suffrage universel en seconde ligne, fut adoptée par tous les partis de l'ordre.

De là, une lutte tenace et acharnée; la victoire fut disputée pied à pied, avec une énergie égale de part et d'autre : lutte gigantesque, qu'on ne se rappelait pas avoir vue depuis la chute de Frère-Orban.

Le parti de l'opposition se flattait de frapper un grand coup. Pour réussir, tous les moyens de propagande furent mis en œuvre; partout des manifestes, des menaces de révolution imminente et terrible, si les électeurs se prononçaient pour les *cléricaux*[1]. On sait, hélas! qu'ils passèrent des paroles aux actes, et que, sur plusieurs points de la Belgique il y eut des blessés et des morts. Mais ces violences, loin de décourager les catholiques, ne firent que les animer davantage à la lutte. Le jour des élections venu, ils se présentèrent aux urnes en bataillons serrés et avec une discipline admirable. Leur victoire fut éclatante, décisive; elle n'était le résultat ni du hasard ni d'une combinaison quelconque, mais le couronnement d'efforts savamment dirigés, fidèlement et énergiquement exécutés.

C'est ainsi que les catholiques belges ont arraché leur patrie aux mains de ceux qui, n'ayant pu obtenir la victoire par la légalité et la loyauté,

---

1. Dès le mois de février, dans le Congrès socialiste ouvrier tenu à la Maison du Peuple de Bruxelles, les socialistes avaient décidé de faire une grève générale, si la revision n'était pas votée. Ce Congrès se termina par l'ordre du jour suivant : « Le Congrès décide qu'après le vote de revision par le parlement censitaire, le dimanche précédant les élections à la Constituante, il y aura dans tous les centres industriels des manifestations ayant pour but d'appuyer l'élection des partisans du suffrage universel : invite les prolétaires des villes et des campagnes à chômer le jour des élections à la Constituante, afin d'affirmer que les masses populaires entendent désormais jouer un rôle dans les élections. »

A l'issue du Congrès, il y eut une manifestation dans la rue. Pendant la formation du cortège, M. Volders prononça un discours qui se terminait par ces paroles : « Puissent les pavés de la rue devenir aussi rouges que le drapeau! »

n'ont point reculé devant le pillage et la mort, fruits amers des idées qu'ils se vantent de représenter et de l'instruction laïque qu'ils imposent brutalement aux masses inconscientes.

CHAPITRE III.

Organisation des catholiques et des libéraux belges.

Deux camps en Belgique : le camp catholique et le camp libéral. — Organisation et moyens d'action de l'Association libérale. — Organisation et moyens d'action de l'Association catholique. — Admirable discipline des électeurs, leur profond sentiment du devoir électoral. — Activité des catholiques belges; à peine sortis de la lutte contre les libéraux, ils engagent le combat contre les socialistes.

Étudions à présent les moyens par lesquels les forces conservatrices belges surent résister si avantageusement à un ennemi redoutablement organisé et sortir vainqueurs du combat.

Deux partis bien distincts et bien tranchés se partagent la Belgique : le parti catholique et le parti libéral.

Le *parti libéral* comprend les vieux-libéraux, les radicaux, les progressistes, les socialistes et le groupe des partisans des revendications locales.

Le *parti catholique* est composé de catholiques

proprement dits, d'un noyau de conservateurs indépendants, et d'un groupe de catholiques constituant le parti des revendications régionales de race ou de langue.

L'un et l'autre parti possède ses associations propres avec les désignations d'*Associations catholiques* et d'*Associations libérales*. Pour être quelquefois connus sous un autre nom, ces groupes n'en poursuivent pas moins un but respectivement commun, et, quoiqu'on remarque dans la manière dont ils sont constitués des différences de détail que l'esprit local a introduites, leur action est à peu près conforme à celle de la circonscription de X...

Cette circonscription comprend donc deux grandes associations opposées : l'*Association libérale* et l'*Association catholique*.

Dirigée par un bureau qui, aux termes de ses statuts, doit être réélu chaque année par moitié, l'*Association libérale* est divisée en autant de sous-comités qu'il y a de sections de police : elle a à sa disposition des bureaux de revision dont le fonctionnement, par un travail continu de mise à jour, permet à chaque instant d'établir l'effectif des électeurs libéraux. Elle n'a pas à sa charge un personnel considérable, aidée qu'elle est par l'administration communale qui, à tous ses degrés et dans tous ses rouages, lui demeure acquise. Bon nombre de fonctionnaires de l'État sont également à sa disposition.

A l'époque des élections, l'Association libérale s'assure le concours de la police communale pour les renseignements et celui d'un certain nombre d'employés communaux pour les écritures. Elle répand des brochures et des journaux, et organise des conférences avec l'appui de sociétés subventionnées soit par les fonds communaux, soit par des ressources privées. Les sous-comités sont chargés de voir les électeurs, de les solliciter, de les gagner à la cause. La police communale exerce partout une influence considérable sur le petit électeur. Plus que tout autre, il a besoin de n'être point trop sévèrement surveillé dans son commerce ou son industrie. S'il veut éviter les poursuites, les ennuis, les mauvais procédés de l'administration communale, il n'a qu'à se rendre aux offres de l'Association libérale. On peut juger par là du rôle important que, dans ces conditions, exerce l'Association, surtout dans les villes industrielles.

Ces procédés ne sont pas pour étonner beaucoup de nos électeurs, puisqu'en France aussi on ne sait que trop les mettre en usage. Un membre de l'Institut, qui donnait récemment la physionomie des dernières élections, s'élevait avec vigueur contre « ceux qui détiennent le pouvoir, en recueillent tous les bénéfices, n'en veulent abandonner aucune parcelle, s'y cantonnent comme dans un patrimoine à exploiter, usant de toutes les tracasseries et de toutes les persécutions pour quiconque encourt leur disgrâce, et ont rétabli à la fin du dix-neuvième siècle une féodalité d'un autre genre, dont la France attend la délivrance[1]. »

Mais, si beaucoup de Français ont vu de trop près ces tristes manières d'agir, bien peu, à notre avis, savent comment il faut les déjouer. Les catholiques belges nous offrent un frappant exemple qu'on aurait dû imiter depuis plusieurs années.

A la toute-puissance de l'Association libérale, ils ont opposé *l'Association catholique*. Cette association est dirigée par un Comité central, dans lequel la ville est représentée à raison de $\frac{1}{2}$ pour 100 de sa population et la campagne à raison de 1 pour 100. Le Comité central comprend, avec un certain nombre de membres élus à vie afin de conserver les traditions, les prési-

1. Lefèvre-Pontalis, *Les Élections de* 1893. Voir le *Figaro* du 6 septembre 1893.

dents des sous-comités, les sénateurs et les députés en fonction. Le Comité central a à sa tête un bureau de direction avec un président. Les membres du bureau et le président sont élus par le Comité.

Il y a partout de nombreux sous-comités : un par paroisse en ville, un par canton dans les communes, et un par canton de justice de paix dans les campagnes.

Ne pouvant compter sur l'impartialité de l'administration communale et ne trouvant, sauf de rares exceptions, qu'une neutralité peu bienveillante chez les fonctionnaires du gouvernement, l'Association catholique est obligée de se suffire à elle-même. Elle possède donc, comme l'Association libérale, un *bureau de revision*, mais avec un personnel plus nombreux.

Nous avons dit plus haut que le système électoral en vigueur en Belgique[1] accorde le droit de vote à tout citoyen majeur payant 21 francs d'impôts directs. Un des principaux soucis de l'Association est d'attirer à elle le plus grand nombre d'électeurs possible.

Pour atteindre ce but, le bureau de revision fait transcrire, au commencement de chaque année,

1. Nous rappelons que la Chambre élue en 1892 a fait subir à ce système des modifications importantes.

les rôles des contributions de toute la circonscription, ainsi que des extraits des contributions
payées dans les autres circonscriptions du pays,
par les habitants de la circonscription de X. Ce
travail le met à même de connaître les modifications électorales survenues depuis l'année précédente; il peut ainsi compter ceux qui n'ont plus
droit de vote, ceux au contraire qui font partie
de la nouvelle liste, ceux enfin qu'on peut rendre
électeurs en ajoutant à leurs contributions. Cette
tâche remplie, on s'assure de l'opinion des électeurs, et on les engage à faire eux-mêmes les
sacrifices nécessaires au bien, si leur position le
leur permet; dans le cas contraire, c'est la caisse
de l'Association qui fournit les fonds nécessaires.
On obtient encore que des parents fassent des
donations à leurs enfants, des sœurs à leurs frères; on procure des arrangements, des partages
de famille, etc., et l'on arrive ainsi à augmenter
le nombre des électeurs conservateurs.

Au mois d'août, le bureau achète les listes
électorales officielles et, aidé par les présidents
des sous-comités urbains et suburbains, il les
examine avec un soin minutieux. Cet examen
fournit la matière première des réclamations
à déposer à la fin de septembre au commissa-
riat de l'arrondissement. Le bureau, en rece-

vant les renseignements des sous-comités, en pèse la valeur, en fait l'instruction administrative et judiciaire; il faut pour cela rechercher nombre de documents, compulser nombre d'actes, soulever nombre de questions de droit complexes et délicates. C'est ici qu'intervient d'une manière spéciale et active un des secrétaires avocats du Comité, à qui il appartient aussi d'apprécier même les réclamations soulevées par les adversaires.

Lorsque vers la mi-février, la Cour d'appel commence à siéger et prononce sur certaines causes, ordonne des enquêtes, une visite des lieux, une expertise, etc., les jeunes avocats, désireux de se faire connaître, apportent à l'Association un concours précieux.

A côté du bureau de revision, l'Association catholique a établi une section de propagande; cette section est chargée de l'organisation de la presse, journaux, almanachs, affiches, etc., et des conférences à faire, soit dans les villes, soit à la campagne. Elle commence à agir sept ou huit mois avant les élections. Elle doit surveiller tout ce qui les concerne, et voir si, en telles circonstances données, il ne serait pas opportun d'employer des moyens particuliers de propagande.

Tout ce travail si minutieux et si compliqué n'est pourtant rien, comparé à celui du semestre qui précède immédiatement le jour du vote. Chaque sous-comité se subdivise alors en sections que le président du sous-comité prend successivement en main. Il fait dresser la liste des voix douteuses, qu'il faudra solliciter en particulier; on s'informe de la parenté, des alliances, des relations de chaque électeur, des cafés, des estaminets, de la société qu'il fréquente. Si besoin est, on lui adresse gratuitement pendant six mois le journal qui paraît le mieux convenir à son esprit, à son caractère; on envoie plusieurs semaines à l'avance, dans les estaminets où se rencontrent les hésitants qu'on veut gagner à la cause, quelques hommes rompus au métier, qui viennent, isolés d'abord, puis par groupes. Ces hommes s'insinuent dans l'esprit des maîtres de la maison, s'intéressent à leurs affaires, s'ingénient à les obliger, en organisant dans leurs établissements des concerts ou des jeux. Ils obtiennent ainsi d'être mis en rapport avec les habitués de la maison. Ils agissent avec ceux-ci comme avec les maîtres. On leur obtient des faveurs, soit pour eux, soit pour quelques-uns des leurs, par exemple un avancement, une recommandation, un emploi, un petit crédit, une distinction, voire même, dans certains cas, une avance de fonds. Ces visites sont renouvelées avec une régularité rigoureuse deux fois par semaine et se continuent de manière à rendre solides ces bonnes relations.

Sous divers prétextes et sous le nom de personnes peu connues, on organise, dans tout l'arrondissement, des fêtes publiques, festivals, concours de chant, des fanfares, des promenades musicales, des carrousels, des feux d'artifice. On convie encore à des banquets, avec les électeurs fidèles, un certain nombre d'électeurs douteux ou inconnus; dans ces réunions des députés prennent la parole. On organise aussi des conférences. Là, chacun peut exprimer en toute liberté les *desiderata* de sa commune ou de son canton, les besoins de son industrie, les remèdes à mettre en œuvre pour améliorer telle ou telle situation. On peut aussi demander la mise en chantier de certains travaux jugés utiles au public ou à un groupe important; on peut même réclamer contre les abus de l'administration et signaler ses négligences.

Par ces divers moyens, les présidents des sous-comités sont en mesure de remettre au secrétaire du Comité central, trois mois avant les élections, l'état des électeurs de leur circonscription classés, suivant des signes conventionnels, en libéraux, catholiques ou douteux. Au bout de deux mois, second état dressé de la même manière, ce qui permet au secrétaire et au président de connaître, bien avant le jour du vote, les progrès réalisés et les dispositions vraies des esprits; aussi pourraient-ils indiquer à l'avance le résultat du scrutin.

Aux avant-dernières élections, dans une des principales villes de la Belgique, on avait prévu avec une entière certitude que les deux partis auraient un nombre égal de tenants, et que le succès dépendrait d'une seule voix douteuse. On imagine sans peine quels efforts furent dépensés de part et d'autre pour gagner cet appoint capital qui donna enfin la victoire aux catholiques.

Ce n'est point tout encore. Si besoin en est, l'Association catholique assure les frais de transport des électeurs de la campagne, soit par chemin de fer, soit par voiture, soit par bateau, au choix de chaque groupe. Elle fournit des véhicules confortables aux vieillards et aux infirmes auxquels elle donne même, le cas échéant, des compagnons chargés de prendre soin d'eux pendant le voyage. Dans le cas, enfin, où pour s'épargner trop de fatigues ils désirent arriver la veille, leur logement et leur entretien demeurent à la charge du Comité.

Pour assurer ce service, on a créé une *section de transports*. Deux mois avant les élections, une circulaire demande à tous les correspondants de faire connaître quel nombre d'électeurs valides, quel nombre de vieillards ou de malades, quel nombre d'infirmiers provisoires il faudra transporter, quel sera le mode de transport préféré, et quel le lieu de rassemblement des divers groupes. Tout est calculé de façon que les électeurs arrivent au bureau de vote quelques minutes avant le scrutin et qu'ils puissent, s'ils le désirent, effectuer leur retour à une heure convenable. A ces frais de transport viennent s'ajouter les frais de séjour.

La *section des vivres* a pour mandat de pourvoir à cette besogne. C'est à elle qu'incombe le soin de ménager les choses de manière à satisfaire tout ensemble clients et hôteliers. La circulaire, dont nous parlions il n'y a qu'un instant, lui facilite la tâche, en marquant le nombre d'électeurs auxquels le Comité devra fournir leur repas.

Enfin, comme annexe à ces deux services, une *jeune garde catholique* a été instituée. Composée de plusieurs centaines de jeunes gens, dont la moitié environ est choisie parmi les étudiants

2.

catholiques de l'Université, cette jeune garde se met à l'entière disposition des chefs de ces deux sections.

L'Association catholique arrive par là à obtenir de ses adhérents une telle discipline, qu'à peine trouve-t-on un écart d'une voix sur 500 électeurs. Elle exerce sur eux un tel ascendant, elle a su leur inspirer un sentiment si profond du devoir, qu'ils seraient grandement humiliés soit de n'être point électeurs, soit de ne pouvoir exercer leur droit de suffrage. On en a vu qui, pour donner leur vote, faisaient des voyages de deux ou trois cents lieues.

Quels sacrifices! quels efforts de tous genres! Et, chose incroyable, ce ne sont pas seulement les personnalités marquantes qui paient ainsi de leur personne et de leurs deniers, qui font, en ces circonstances comme toujours, passer leur intérêt particulier après les intérêts généraux, se transportant parfois à de grandes distances pour présider, diriger les réunions publiques et préparer le succès. Toutes les classes de la société, chacune dans la mesure de ses forces et par tous les moyens en son pouvoir, contribuent généreusement à ce grand mouvement libérateur. L'on rencontre parfois des dévouements admira-

bles qui ne font que grandir avec les difficultés.
C'est ainsi que, par une rare énergie unie à une
persévérance de plusieurs années, les catholiques belges ont pu améliorer et maintenir leurs
positions et se créer une situation prépondérante.

Croyez-vous qu'enivrés de leurs succès, les catholiques belges se reposent maintenant sur les
lauriers conquis? Aujourd'hui, comme à l'époque
où ils avaient tant à souffrir, ils demeurent cons-
tamment en éveil, pour ne point perdre les fruits
de la victoire. Ils luttaient hier pour reconquérir
leurs droits et leurs libertés; aujourd'hui ils se
tiennent sur les remparts, non seulement pour
prévenir les surprises de leurs anciens ennemis,
mais encore et surtout pour opposer une barrière
infranchissable au torrent dévastateur et toujours
grossissant du socialisme [1]. Aussi, que voyons-

[1]. Nos lecteurs ne liront pas sans intérêt le *Programme de
l'Union démocratique chrétienne de Liège*. Ce programme se
rapporte plus directement à l'action sociale qu'à la politique.
Toutefois, comme la politique elle-même y trouve une large
place, comme d'autre part, on ne peut faire de bonne politique sans toucher à la question sociale, il nous semble utile
de donner ici ce document, d'où les Français pourront tirer les
meilleures leçons pratiques.

Programme de l'Union démocratique chrétienne de Liège.

FONDATION ET BUT.

I. Il est fondé une Union démocratique chrétienne de l'arrondissement de Liège.

II. Cette Union a pour but :

nous? Comme une sentinelle avancée, la Belgique tient la tête des nations dans ce mouvement qui les entraîne à opposer aux revendications uto-

1° De développer le mouvement démocratique chrétien dans l'arrondissement, notamment par les œuvres économiques, les organisations professionnelles et la propagande;

3° De prendre part aux luttes politiques dans l'arrondissement.

L'Union démocratique pourra s'entendre, dans les luttes électorales, avec tous les groupes d'électeurs qui admettent la religion, la famille et la propriété. Elle s'efforcera de réaliser la fédération de toutes les forces catholiques de l'arrondissement sur la base de la représentation proportionnelle.

III. Pour faire partie de l'Union démocratique chrétienne de Liège, il faut en accepter le programme au moins dans ses grandes lignes.

Programme.

I. PARTIE SOCIALE.

1. *La religion.* — Elle est nécessaire à toute société humaine. Elle est la principale garantie des droits de chacun et la source la plus abondante du bien-être même temporel.

C'est pourquoi nous la défendons, et nous appuyons tout ce qui peut lui assurer la plus complète liberté et la faire pénétrer plus avant dans la société, dans la famille et dans les individus.

2. *La famille.* — Elle existe avant la société civile et elle en est la base.

C'est pourquoi nous demandons tout ce qui peut en assurer la moralité et le bien-être.

Le divorce, qui brise l'unité et l'indissolubilité du mariage, est un attentat à la famille, et nous réclamons l'abrogation de la loi qui l'autorise.

3. *La propriété privée.* — Tout en demandant une notable amélioration au *régime légal* actuel de la propriété, nous regardons cependant le droit de propriété privée comme un droit

piques, la solution pratique des problèmes sociaux les plus difficiles, préparant ainsi aux peu-

naturel imprescriptible. C'est pourquoi nous combattons le collectivisme au même titre que l'anarchisme et le communisme.

II. PARTIE ÉCONOMIQUE.

1. Nous voulons la paix entre le capital et le travail par la reconnaissance des droits de chacune des parties et par les moyens efficaces de les faire valoir.

2. C'est pourquoi nous voulons l'organisation professionnelle dans les corporations de métier.

A. *Grande industrie.*

3. Dans la grande industrie, *syndicats ouvriers* d'une part ; *syndicats de patrons* d'autre part ; *syndicat mixte* consistant en un Conseil composé de délégués en nombre égal du syndicat ouvrier et du syndicat de patrons.

4. Fédération locale, nationale, internationale des syndicats selon que la production est locale, nationale, internationale.

5. But des syndicats : Régler tout ce qui, dans le contrat de travail, intéresse à la fois les deux parties : le taux des salaires, — la durée et les conditions du labeur, — l'hygiène physique et morale, les règlements et la surveillance du chantier, de la mine, de l'usine ou de l'atelier, — les mesures relatives à l'admission et au renvoi des ouvriers, — l'assurance contre les maladies, les accidents, le chômage, — la pension pour les vieux ouvriers et pour les veuves, — empêcher les excès de la production.

B. *Métiers.*

6. Le métier aux gens de métiers. A cet effet :

7. Syndicats par métier des petits producteurs de la classe moyenne pour résister aux grands magasins qui, monopolisant peu à peu leurs produits, puis leur main-d'œuvre, les écrasent sous une concurrence insoutenable.

8. Achat par le syndicat, en gros, en commun et au comptant, des instruments de travail et des matières premières, organisation de la réclame et au besoin du débit en commun.

ples un avenir tranquille et aux classes laborieuses une indispensable amélioration. Exemple

9. Organisation, par le syndicat, du crédit mutuel pour obtenir à chacun les avances nécessaires à l'exercice et à la prospérité de son métier.

10. A côté du syndicat des petits producteurs et pour s'entendre avec lui, le syndicat de leurs ouvriers, afin de fixer de commun accord la réforme et le contrôle de l'apprentissage, le tarif minimum du salaire, les conditions du travail et le repos dominical.

11. Assurance par ces syndicats, pour les cas de maladie, d'accidents, de chômage, et pour la vieillesse.

C. *Agriculture.*

12. Syndicat des fermiers, des petits propriétaires agricoles et fédérations de leurs syndicats.

13. Objets des syndicats agricoles : progrès dans les méthodes d'exploitation, — fixation du taux et des conditions de fermage, — production en commun pour le beurre, — vente en commun, — achat et usage en commun des machines coûteuses, des semences, des engrais, de l'alimentation du bétail, — assurance du bétail, — assurance contre l'incendie, — Crédit mutuel pour les avances à l'exploitation et à son développement.

14. Syndicats des ouvriers agricoles et syndicats de patrons appelés à régler, par le moyen du syndicat mixte, le taux de salaire, les conditions du contrat de travail et l'assurance mutuelle.

III. Partie politico-sociale.

1. Diminution et répartition équitable des charges militaires et respect des immunités ecclésiastiques. Jusqu'à preuve évidente de l'insuffisance du système du volontariat, armée de volontaires bien rétribués, destinée à garder l'ordre à l'intérieur, et milice citoyenne bien organisée pour défendre le territoire.

2. Impôt sur la fortune mobilière et sur le revenu, dégrèvement proportionnel de la petite propriété et de la consommation.

frappant de ce qu'on peut faire pour arrêter les progrès du socialisme, en se servant de ses pro-

3. Diminution des dépenses publiques de luxe, répression de l'agiotage et réglementation des opérations de la Bourse.

4. Insaisissabilité du petit domaine rural et des instruments de travail y afférents.

5. Simplification des formalités de justice et en conséquence, diminution des frais de justice.

6. Liberté complète d'enseignement, égalité des écoles libres et des écoles officielles, — répartition de subsides proportionnés au nombre des élèves avec minimum d'inspection officielle.

7. Défense de tenir négoce ou cabaret par eux-mêmes ou par leur conjoint à tous les employés des administrations publiques qui ont des ouvriers sous leur dépendance.

8. Création d'un office ou d'un ministère du travail.

9. Création de commissions mixtes composées par moitié de patrons et d'ouvriers pour la surveillance des mines, des usines, des chantiers et des ateliers.

10. Repos dominical obligatoire.

11. Fixation à onze heures de la journée maximale de travail en général, et à huit heures pour le travail de fond dans les mines.

12. Défense d'admettre au travail les garçons au dessous de quatorze ans et les filles au dessous de treize ans.

13. Suppression complète de l'emploi des femmes et des jeunes filles dans les travaux souterrains des mines, — suppression du travail des femmes mariées et diminution du travail des jeunes filles dans les mines (surface) et les ateliers industriels.

14. Rigoureuse limitation du travail de nuit.

15. Personnification civile des syndicats professionnels énumérés plus haut, avec droit de posséder meubles et immeubles dans la mesure exigée pour leur fonctionnement.

Subsides à leur allouer, à leurs débuts, à titre d'encouragement.

16. Inscription au cahier des charges des adjudications de travaux publics d'un minimum de salaire à payer aux ouvriers

pres armes, et en le combattant sur son propre terrain.

Honneur donc à la Belgique !

qui y seront employés, et à faire fixer par le conseil de l'industrie et du travail de la région dans laquelle les travaux seront exécutés.

17. Loi sur le contrat de travail contenant :

a. Le principe fondamental de l'économie sociale chrétienne, à savoir que l'ouvrier sobre et honnête, qui se trouve dans des conditions normales, a droit, en retour de son travail, à recevoir un salaire qui lui permette de vivre, lui et sa famille.

Détermination de ce salaire par les conseils locaux de l'industrie et du travail et, à défaut de ceux-ci, par experts, patrons et ouvriers, désignés par le juge de paix.

b. Assurance obligatoire.

c. Nullité des règlements de mine, d'atelier et d'usine, qui n'auront pas été acceptés par le conseil de l'industrie et du travail du ressort auquel appartient l'exploitation.

d. Garanties pour l'ouvrier contre le renvoi arbitraire de la part des employeurs. Ces garanties devront être d'autant plus grandes que, grâce au monopole des instruments de travail ou bien pour d'autres causes, il est plus difficile à l'ouvrier de retrouver de l'ouvrage.

18. Extension de l'institution des conseils de l'industrie et du travail, en vue de les mettre à même de régler l'exercice du métier et d'arriver ainsi à la réorganisation corporative de la société.

19. Réunion de conférences internationales :

a. pour s'entendre dans la répression des abus de la Bourse ;

b. pour aviser à l'application des lois sociales sauvegardant les intérêts des producteurs sans nuire à l'existence et au progrès de l'industrie ;

c. pour provoquer un désarmement général et constituer sous la présidence du Pape un arbitrage international.

CHAPITRE IV.

Puissance et avantages de l'organisation démontrés par les résu tats politiques et sociaux qu'ont obtenus les catholiques allemands.

Spectacle réconfortant que nous offrent les catholiques d'Allemagne. — Ils doivent à leur puissante organisation de triompher de leurs oppresseurs et de tenir le socialisme en échec. — Quels grands obstacles ils ont eu à vaincre. — Il faut imiter leur exemple.

Si des frontières du nord de la France nous nous transportons au milieu des populations catholiques allemandes, le spectacle n'est ni moins instructif ni moins réconfortant.

En Allemagne, la lutte fut encore plus terrible qu'en Belgique; le parti catholique eut contre lui des ennemis plus puissants et plus nombreux. Après avoir combattu valeureusement sur les champs de bataille pour la grandeur de la patrie, les catholiques se sont vu déclarer, sans motif avouable, une guerre impie, poursuivie sans merci ni trêve par celui dont ils avaient

3

forgé la toute-puissance au prix de leur sang et des plus durs sacrifices.

Loin de s'endormir et de compter sur un secours providentiel, ils se sont souvenus du vieil adage : « Aide-toi, le ciel t'aidera. » Tout en se confiant en Celui qui peut tout, ils se sont mis généreusement à l'œuvre pour revendiquer leurs libertés et leurs droits violés.

Par une sage organisation de toutes les forces catholiques, par la fondation de puissantes associations, ces courageuses populations ont pu surmonter tous les obstacles qui se dressaient à chaque pas devant elles et trouver le secret du triomphe. En peu d'années, elles ont remporté des victoires signalées, reconquis le terrain perdu et su se faire dans le pays une place si importante, qu'elles ont obligé les persécuteurs à compter avec elles.

Il importe de le remarquer, à l'exception de la Bavière, tous les pays catholiques allemands sont gouvernés par des chefs d'État protestants. En droit, si le principe de la parité sert de base, dans toute l'Allemagne, à la situation des deux cultes ou confessions; en fait, les princes protestants ne se servent de cette parité qu'en faveur de leurs coreligionaires au préjudice des catholiques. Dans plusieurs États, tels que le

Brunswick, le Mecklembourg, etc., les catholiques
sont souvent victimes de vexations illégales et
d'illégales restrictions de leurs droits. En Prusse
où, d'après la proportion qui existe entre protestants et catholiques, ceux-ci devraient remplir
le tiers des charges et offices de l'État, ils occupent dans l'armée un douzième à peine des gra-
des d'officiers; tous les ministres, les onze présidents supérieurs, 35 sur 36 présidents de gouvernement, tous les présidents, vice-présidents,
procureurs généraux de la cour d'appel et des
tribunaux de première instance sont protestants;
protestants aussi, sauf une cinquantaine, les six
ou sept cents conseillers de régence; protestants
enfin, à l'exception de cent cinquante, les trois
mille juges de tout degré [1]. Que l'on songe maintenant au mal qu'ont fait aux catholiques d'Allemagne la législation relative aux mariages
mixtes, et les mesures iniques édictées contre
eux par les fameuses lois de mai, on aura la
mesure des efforts gigantesques que ces vaillants
ont dû faire pour vaincre leurs persécuteurs, et
l'on verra en même temps quelle puissance irrésistible réside dans une sage organisation.

1. Voir à ce sujet l'intéressante étude publiée par les *Histo-
risch-politische Blaetter* de Munich, livraison de septembre
1893.

Et tandis qu'elles luttaient contre leurs oppresseurs, ces fières populations avaient entrepris une campagne parallèle contre le socialisme, qu'elles attaquèrent dans le pays même dont il avait fait son quartier général, et qu'elles forcèrent à reculer, grâce toujours à l'organisation de leurs forces.

Il ne serait pas sans intérêt d'étudier de près cette organisation, et de voir comment elle a permis aux catholiques allemands de se délivrer d'un grand mal et de se préserver en même temps d'un pire : mais nous ne pourrions guère que décolorer, en essayant de le reproduire, le magistral tableau qu'un prêtre alsacien, connu par son éloquence et par son zèle, a tracé de cet admirable mouvement[1]. Nous renvoyons le lecteur à ce travail : les pages qui y sont consacrées à l'étude de l'action politique et sociale des catholiques en Allemagne méritent d'être lues par tous ceux, quels qu'ils soient, qui ont souci des intérêts de leur pays.

Plût à Dieu que, pris d'une émulation généreuse, les conservateurs français, à l'exemple de

1. A. Kannengieser, *Catholiques allemands*. Paris, Lethielleux, 1891.

Nous savons de bonne part que cet auteur remarqué travaille en ce moment à un ouvrage dont le titre seul, *l'Organisation catholique en Allemagne,* fait pressentir l'utilité.

leurs frères de Belgique et d'Allemagne, se déci-
dassent à entrer dans une voie suivie avec tant
de succès! Ce chemin, nous en avons la conviction, serait pour eux le chemin de la victoire,
à laquelle n'ont pu les conduire tous les sentiers
battus depuis vingt ans.

CHAPITRE V.

Puissance et avantages de l'organisation démontrés par les résultats qu'ont obtenus les socialistes.

Karl Marx et les progrès du socialisme. — Les prolétaires travaillent à s'organiser. — Des contrées ouvrières et industrielles la propagande socialiste se répand dans les campagnes. — Premiers essais d'une organisation socialiste internationale. — Fédération internationale des métiers. — Combien le mouvement du prolétariat est devenu formidable. — Indices peu rassurants pour la société. — Terribles convulsions auxquelles elle pourra se trouver en proie, lorsque les socialistes se seront complètement organisés. — État anormal déjà créé à la société par les progrès croissant du socialisme.

Faut-il d'autres preuves encore? Ces faits ne suffisent-ils pas à convaincre les Français de bonne foi? Qu'ils regardent autour d'eux; les progrès du socialisme sont là pour fournir un nouvel et palpable argument de ce qu'on peut attendre de l'organisation. Qui ne voit l'immense mouvement qui se produit chez ces terribles ennemis de la propriété et de l'ordre? Le spectacle est effrayant, mais persuasif. A lui seul, il serait capable de convaincre les esprits les plus rebelles et de faire apparaître jusqu'à l'évidence la nécessité de l'union de tous pour la défense de la foi, de la famille, de la société menacée jusque dans son existence.

Quels progrès réalisés en peu de temps par ce socialisme, qu'on a si bien défini « la systématisation de la société humaine ». Il y a quelques années à peine que Karl Marx réussissait à faire tenter l'application de ses formules; il y a quelques années à peine qu'il jetait ce terrible cri de guerre : *Prolétaires de tous les pays, unissez-vous,* et déjà le courant révolutionnaire a tout envahi. Le livre, le journal, le théâtre prennent sa défense. Les politiciens parcourent en tous sens les contrées ouvrières. Prodiguant au travailleur les témoignages d'un intérêt et d'une compassion hypocrites, désireux, disent-ils, de soulager sa misère et de lui apprendre ses droits, poussés en réalité par d'inavouables ambitions personnelles qu'ils veulent à tout prix satisfaire, ils conseillent, établissent, imposent partout des syndicats ouvriers, les unissent entre eux, les solidarisent. Le but apparent de ces manœuvres est la solution des questions ouvrières; le but réel, une guerre à outrance au capital et à la propriété. Fortement appuyé par tous les fauteurs de troubles, de révolutions, de discordes, le socialisme s'avance et gagne de proche en proche. Dépassant le cercle étroit des centres ouvriers et industriels, il a envahi même les campagnes. Réunions locales, congrès nationaux et internationaux, fêtes annuelles, rien ne manque actuellement à son organisation.

Ces résultats obtenus, il a songé à élargir le cadre de ses opérations, et à faire à ciel ouvert les premiers essais d'un ralliement immense, universel, des armées ouvrières qu'il veut amener à exécuter aveuglément les ordres des chefs. On s'occupe donc de compléter les organisations par nations afin de rendre possible, facile et définitive la suprême et complète fédération internationale des métiers, dont les mailles enserrent déjà étroitement le territoire de plusieurs États de l'Europe. Dans chaque pays est établi un secrétariat national qui a pour mission d'unir, de centraliser les forces, en vue d'une action commune.

Et, nous pouvons le constater, tous les moyens coercitifs édictés par les divers gouvernements pour arrêter ou canaliser ce formidable mouvement sont demeurés impuissants. Conscient de sa propre force et de la terreur qu'il inspire, le prolétariat devient de jour en jour plus exigeant, plus actif, plus pratique, et les pouvoirs sont obligés de compter avec lui.

Des symptômes nombreux font présager pour un avenir prochain les événements les plus graves. Le 1ᵉʳ mai, la formation de tant de syndicats, les essais de rapprochement et de fédération, les grèves, le projet de grève générale, tout nous indique que ce terrible mouvement d'organisation est sur le point d'être complet, et que, du jour au lendemain, la société peut se réveiller secouée par des convulsions terribles.

Quand cette effroyable machine, dont les ressorts s'engrènent maintenant par-dessus les frontières, fonctionnera avec régularité ; quand cette puissance formidable, que, par une indifférence et une inaction coupables, nous avons laissée s'organiser et se dilater à l'aise, sera parvenue à son apogée ; quand, en un mot, le socialisme donnera l'assaut à la société dont il veut, non la réforme, mais l'entière destruction, que deviendront les sociétés civilisées ? que deviendra la France ?

Redoutable problème dont la solution embarrasserait peut-être ceux qui, en présence du flot montant, restent les bras croisés, tout entiers à leurs mesquines querelles de partis. Jadis aussi, les Polonais, à la veille même de l'asservissement de leur patrie, fermaient les yeux pour ne pas voir les trois puissantes armées qui s'apprê-

3*

taient à profiter de leurs dissensions intestines pour franchir la frontière!...

Mais laissons à l'avenir ses inquiétants secrets; aussi bien, les leçons que nous donne le présent sont-elles déjà assez éloquentes. Peut-on nier que, dès maintenant, les sociétés soient profondément ébranlées, que la France en particulier se sente vaciller sous les poussées combinées du socialisme et de l'anarchisme, déplorables systèmes qui, par des moyens différents, poursuivent un but identique?

« Jamais peut-être, disait naguère à ce propos un remarquable écrivain qui vient de mourir, jamais peut-être, plus qu'à l'heure présente, le danger ne s'est manifesté par tout un ensemble d'idées et de faits, par l'anarchie morale comme par cette série d'attentats qui se succèdent, qui éclatent au milieu d'un pays surpris de se sentir livré à toutes les fatalités.

« On s'étourdit volontiers autant qu'on le peut; on se laisse aller au courant rapide des choses; on s'accoutume presque à vivre entre deux grèves, entre deux crises, comme entre deux explosions. On se fie un peu trop à cette force vivace d'une masse nationale honnête et laborieuse, qui se défend par son propre poids autant que par son bon sens contre les agitations factices, qui reste le souverain et dernier point d'appui. Le danger n'existe pas moins sous toutes les formes, et c'est une question de savoir combien de temps un pays peut résister à ce régime de l'instabilité, sous la forme la plus brutale, où il semble admis qu'à certains jours, qu'il plaira à des anonymes de désigner, la vie de la société devra être suspendue[1]. »

Le trouble profond que, par leurs machinations, ces prétendus réformateurs de l'ordre social existant ont déjà jeté en Europe et tout particulièrement en France, l'avenir plus sombre encore qu'ils réservent à toute civilisation, démontrent avec une évidence brutale la toute-puissance de l'organisation et, par là aussi, le profit qu'on pourrait tirer de cet infaillible moyen contre ceux-là même qui l'emploient. Les pouvoirs publics et les hommes de bien, à quelque classe de la société qu'ils appartiennent, ne comprendront-ils pas enfin qu'ils doivent unir tous leurs efforts dans une action commune contre ces nouveaux barbares dont la cruauté ne le cède en rien à celle du féroce Attila, si justement surnommé *le Fléau de Dieu?*

1. De Mazade, *Revue des Deux Mondes*, mai-juin 1892, p. 226.

CHAPITRE VI.

Impuissance de l'action conservatrice à lutter contre le socialisme et les sectaires, lorsqu'elle n'est pas organisée.

Comment, en France, le gouvernement et les conservateurs ont contribué aux progrès du socialisme. — Conséquences de la législation révolutionnaire. — M. Jaurès et l'enseignement laïque. — Joseph de Maistre. — Léon XIII exhorte les catholiques à s'unir en face d'un danger imminent. — Ses conseils sont repoussés par un grand nombre de conservateurs : ce qui en résulte. — M. de Mun, M. l'abbé Garnier, M. Léon Harmel ; leurs tentatives, causes de leur peu de succès. — Appel aux catholiques et aux hommes de bonne volonté.

Quelle barrière a-t-on, jusqu'à présent, opposée en France à cette formidable organisation des forces socialistes?

Hélas! on a essayé çà et là de nombreux palliatifs; de vrais remèdes, nulle part! Il semble même que gouvernants et conservateurs se soient efforcés d'aggraver le mal et de le rendre incurable.

Après avoir détruit les corporations ouvrières qui, pendant de longs siècles, avaient si bien mérité de la société, la législation révolutionnaire, toute de bienveillance envers les meneurs de toute sorte, a réservé ses rigueurs pour le catholicisme : elle a chassé les congrégations religieuses, laïcisé l'enseignement et les hôpitaux, fermé au prêtre le bureau de bienfaisance, rendu plus difficile le recrutement du clergé[1]; en un mot, elle n'a reculé devant aucun moyen pour arracher du cœur du peuple la foi, seule puissance capable de résister au socialisme[2]. En vain, on a

1. Que la législation antireligieuse donnée par les radicaux à la France soit une source de socialisme, c'est chose reconnue par les socialistes eux-mêmes. Tout récemment, en pleine Assemblée nationale, M. Jaurès, député socialiste d'Albi, disait en parlant de l'enseignement laïque :

« Vous avez fait des lois d'instruction. Comment voulez-vous qu'à l'émancipation intellectuelle ne vienne pas s'ajouter à son tour l'émancipation économique? Vous avez voulu non seulement l'instruction gratuite et obligatoire, mais vous l'avez voulue aussi laïque.... C'est ainsi que vous avez définitivement arraché le peuple à la tutelle de l'Église et du dogme. Vous avez rompu certains liens de tradition et de routine qui subsistaient encore. Qu'avez-vous fait par là? Ce n'étaient que des habitudes, soit; mais ces habitudes étaient pour quelques-uns une consolation et un calmant.

« Eh bien, vous, vous avez interrompu la vieille chanson qui berçait la misère humaine, et la misère humaine s'est réveillée avec des cris, elle s'est dressée devant vous et vous demande sa place, sa large place au soleil.

« Le socialisme est à ce point un mouvement profond, nécessaire, qui sort de nos institutions républicaines et laïques. » (Séance du 23 novembre 1893.)

2. *La Germania* publie une intéressante statistique des résul-

montré aux députés, hélas! prévenus, l'exemple de l'Allemagne où, grâce à la cohésion parfaite que lui donnent les idées chrétiennes, le Centre parlementaire a pu lutter avec avantage contre un si redoutable ennemi. En vain, on leur a mis sous les yeux la résistance énergique des associations et des ligues catholiques belges. En vain, on leur a rappelé qu'en Angleterre les *Trades Unions* ont été amenées à des sentiments plus pacifiques et que, dans ce pays protestant, les ouvriers ne craignent pas de demander au clergé catholique aide et protection. En vain, on leur a dit avec quel succès le même clergé catholique avait employé son influence aux États-Unis, en Autriche et ailleurs encore, pour empêcher tout

tats que les socialistes ont obtenus dans les circonscriptions catholiques et protestantes aux dernières élections d'Allemagne.

Sur les 397 circonscriptions de l'empire allemand, 143 comptent plus de 50 pour cent d'électeurs catholiques. Dans plusieurs régions, ils arrivent à 90 pour cent. Or, les chiffres officiels démontrent que les circonscriptions catholiques ont donné aux socialistes un nombre de suffrages notablement inférieur à celui qu'ils ont obtenu dans les autres circonscriptions; les mêmes chiffres démontrent de plus que le nombre des suffrages socialistes est en raison inverse de la population catholique. Dans les régions où les catholiques représentent les deux tiers et les trois quarts de la population, les socialistes ont eu à peine cinq ou six suffrages sur cent.

Cette statistique prouve avec la dernière évidence que, lorsque les catholiques sont laissés à eux-mêmes et à leurs principes religieux, ils ne sont pas victimes des erreurs du socialisme.

mouvement révolutionnaire dans le monde du travail. Aucune leçon n'a servi à ces législateurs sectaires et aveuglés; en proie à un vertige incompréhensible, ils ont chassé Dieu de la société et, par là, préparé les voies au socialisme dont nous connaissons la devise : — *ni Dieu ni maître.*

Dès maintenant, puissants du jour, vous pouvez juger votre œuvre; la législation néfaste élaborée par vous a arraché au peuple la croyance religieuse qui le gardait des doctrines socialistes. Patrons et capitalistes ont, grâce à vous, fermé leur âme à tout sentiment chrétien. Par vous, la charité a disparu pour faire place à l'injustice, à la cupidité. Plaignez-vous maintenant, si vous êtes punis par où vous avez péché.

« A cette société, faisait éloquemment observer l'éminent avocat Thery au tribunal de Lille, qui s'apprêtait à condamner les patrons catholiques, coupables d'avoir élevé des syndicats ouvriers chrétiens en face des syndicats ouvriers révolutionnaires; à cette société qui a arraché la foi du cœur du peuple, le peuple a répondu : Ah! il n'y a pas de Dieu, mais alors il n'y a pas de loi, il n'y a pas de justice : il n'y a que la raison du plus fort. Et vous, Messieurs, vous ne leur représentez que la force dont ils aspirent à se débarrasser; seulement ils se divisent en deux classes : les ardents, les pressés, les anarchistes, qui vous font sauter, ceux qui disent, comme vous l'avez entendu à ce même tribunal : Nous n'usons pas de la chimie, nous usons du bulletin de vote, nous arriverons par lui.

« Et si, en dehors de vous, rien ne les arrête, ils arriveront. Nous en avons vu récemment des exemples à Roubaix, à Marseille, Toulon, Narbonne. Ils sont sur le chemin; c'est une question de temps, ils arriveront. » Les progrès qu'ils ont faits aux dernières élections sont des plus inquiétants. Quand ils auront le suffrage universel avec eux, c'est-à-dire la moitié plus un des suffrages, que lui opposera-t-on? Quel obstacle les empêchera d'appliquer leur programme, leurs théories, de tout bouleverser, propriété, famille, travail, finances, lois, pour refaire une société à leur gré? Il n'y aura ni constitution ni légalité qui tienne, puisque, étant la majorité, ils seront, de par la loi, la souveraineté.

> Alors, de vos erreurs voyant les tristes fruits,
> Reconnaissez les coups que vous avez conduits.

Le comte Joseph de Maistre écrivait, il y a un siècle : « Chaque nation, comme chaque individu, a reçu une mission qu'elle doit remplir. La France exerce sur l'Europe une véritable magistrature, qu'il serait inutile de contester, dont elle a abusé de la manière la plus coupable. Elle était surtout à la tête du système religieux, et ce n'est pas sans raison que son roi s'appelait *très chrétien*. Or, comme elle s'est servie de son influence pour contredire sa vocation et démoraliser l'Europe, il ne faut pas être étonné qu'elle y soit ramenée par des moyens terribles[1]. »

De leur côté, et à de rares exceptions près, ceux qui s'intitulent conservateurs ont-ils déployé pour le bien cette activité fiévreuse que les perturbateurs de l'ordre social déploient pour le triomphe de leur cause maudite? Autour d'eux, les iniquités se consomment, les ruines s'amoncellent : s'en inquiètent-ils beaucoup? — A chaque nouvelle injustice, ils opposent des récriminations, des protestations même. — Leur conscience, leur foi, leur Dieu ont-ils le droit de leur demander davantage?...

Le pressant appel que Karl Marx avait adressé aux prolétaires, Léon XIII l'a adressé aux catholiques, aux hommes de bonne volonté; il les a invités à s'unir afin d'opposer une barrière infranchissable aux progrès du mal. Il les a adjurés de renoncer à leurs dissentiments politiques et de s'unir tous comme un seul homme sur le terrain

1. De Maistre, *Considérations sur la France.* Chapitre ii.

constitutionnel. — Ils feraient alors une opposition sans trêve ni merci aux lois mauvaises qui sont comme les canaux par lesquels le socialisme pénètre et se répand dans la société. — Ont-ils répondu à l'appel de l'autorité la plus auguste du monde? Ont-ils été aussi soumis à la direction du Chef de l'Église que les prolétaires à celle de l'agitateur allemand? Hélas! à ces paternelles invitations beaucoup d'entre eux ont répondu par une fin de non recevoir quelques-uns par une opposition systématique; la plus grande partie a déserté la lutte au moment du combat[1].

1. Parlant de la mort de Louis XVI, le comte Joseph de Maistre dit : « Ce qu'il est important de remarquer, c'est que *jamais un plus grand crime n'eut plus de complices*. Louis XVI marcha à la mort au milieu de 60.000 hommes armés, qui n'eurent pas un coup de fusil pour Santerre; pas une voix ne s'éleva pour l'infortuné monarque, et les provinces furent aussi muettes que la capitale. *On se serait exposé!* disait-on. Français! si vous trouvez cette raison bonne, ne parlez pas tant de votre courage, ou convenez que vous l'employez bien mal.

« Il faut encore, ajoute-t-il, faire une observation importante : c'est que tout attentat commis contre la souveraineté, *au nom de la nation*, est toujours plus ou moins un crime national; car c'est toujours plus ou moins la faute de la nation, si un nombre quelconque de factieux s'est mis en état de commettre le crime en son nom. Ainsi, tous les Français, sans doute, n'ont pas *voulu* la mort de Louis XVI; mais l'immense majorité du peuple a *voulu*, pendant plus de deux ans, toutes les folies, toutes les injustices, tous les attentats qui amenèrent la catastrophe du 21 janvier. » — Un raisonnement analogue nous autoriserait à dire à notre tour : Sans doute, tous les Français n'ont pas

Loin de nous la pensée de méconnaître les essais divers, les combinaisons ingénieuses, les efforts généreux tentés çà et là contre les sectaires et les socialistes, par des hommes profondément catholiques et entièrement dévoués aux classes laborieuses.

Peut-on se rappeler sans émotion le spectacle imposant de ces nombreux pèlerins, patrons et ouvriers, prosternés aux pieds du Vicaire de Jésus-Christ, le remerciant d'avoir fait entendre des paroles de paix et de réconciliation, et lui demandant humblement la meilleure manière d'appliquer ses enseignements lumineux, de leur faire porter tous leurs fruits? — spectacle interrompu,

voulu cette législation contre la religion, qui a tant favorisé les progrès du socialisme; mais, en envoyant à la Chambre tant de députés hostiles à la religion, en procurant, soit par des abstentions coupables, soit par des votes mauvais, le succès de ces candidats impies, l'immense majorité du peuple a *roulu,* pendant près de vingt ans, « toutes les folies, toutes les injustices, tous les attentats » qui nous ont amenés où nous en sommes.

Parmi ceux qui liront ces pages, s'en trouvera-t-il beaucoup qui, la main sur la conscience, puissent se dire avec la sincérité d'un chrétien et d'un homme d'honneur : — Ni mon vote ni mon abstention n'ont contribué à un tel état de choses? — Oui, oui, aujourd'hui encore, de Maistre pourrait jeter à la face des Français ces paroles, lourdes comme un verdict : « Depuis longtemps on n'avait vu une punition aussi effrayante, infligée à un si grand nombre de coupables. Il y a des innocents, sans doute, parmi les malheureux; mais il y en a bien moins qu'on ne l'imagine communément. » (*Loc. cit.*, chap. II.)

on s'en souvient, par la fureur sauvage d'une poignée de scélérats, à la solde de la franc-maçonnerie sectaire.

Et quelles fécondes initiatives, que celles à qui l'on devait ces associations professionnelles, merveilleusement organisées, qui, unissant la justice à la charité, opposaient une digue puissante aux syndicats socialistes, et n'avaient d'autre but que de faire cesser tout antagonisme entre le capital et le travail! Mais ici encore on se heurta à d'invincibles obstacles; bientôt ces associations furent dissoutes, d'abord dans le Nord, puis dans le Tarn, par cette même loi qui a permis aux meneurs socialistes de se servir de leurs syndicats ouvriers, pour faire des campagnes politiques et provoquer des grèves désastreuses [1].

Pourrait-on oublier les de Mun, les Garnier, les Léon Harmel et tant d'autres, dont l'éloquence et l'activité ont puissamment contribué à dissiper les malentendus, à réveiller les uns, à réconforter les autres, à exercer sur tous un apostolat que le socialisme lui-même respecte et craint?

Et cependant tous ces généreux efforts qui, en d'autres pays auraient suffi à entraîner les mas-

----

1. Lire à ce sujet le rapport du préfet du Nord à M. le Ministre de l'intérieur, publié par la *Petite République française* du 13 novembre 1893.

ses ouvrières et à assurer au parti de l'ordre une victoire complète, n'ont eu en France que peu de résultats.

Pourquoi?

Parce que les catholiques français n'ont pas su se conformer à la direction du Chef de l'Église, s'unir entre eux, et suivre l'exemple des socialistes, dont l'organisation ne laisse rien à désirer.

En effet, si lors des incidents du 2 octobre 1891, les hommes qui étaient à la tête du gouvernement français se fussent trouvés en face de députés ayant derrière eux une organisation semblable à celle des catholiques belges ou allemands, que serait-il arrivé? Au lieu de poursuivre des évêques qui protestaient contre la manière indigne dont les francs-maçons avaient attaqué à Rome [1] et dans les autres contrées d'I-

1. Voici par quelles paroles Léon XIII flétrissait les excès dont Rome et l'Italie furent le théâtre dans les premiers jours d'octobre 1891 :

« Le souvenir est encore présent des actes qu'en octobre der-
« nier les ennemis du pontificat ont perpétrés presque sous nos
« yeux. Ne pouvant supporter les manifestations si éloquentes
« de véritables multitudes, et ayant décidé de les troubler à tout
« prix, ils ont donné cours sans pudeur et sans mesure aux
« sentiments qu'ils avaient dans le cœur; ils n'ont pas craint
« d'attaquer indignement, sans aucun juste motif, en paroles et
« par voies de fait, des hommes paisibles, venus en pèlerinage
« dans un sentiment de piété et non avec des préoccupations
« politiques; Rome tout entière peut attester qu'ils se sont dé-

talie, des pèlerins paisibles, ils auraient obligé l'étranger à réparer l'insulte adressée à des citoyens français [1]. L'heureux mouvement des patrons et des ouvriers qui se faisait vers le Saint-Siège n'aurait pas été interrompu, il se serait au contraire accentué davantage, et les paroles de vérité, de justice et de paix tombant des lèvres du Vicaire de Jésus-Christ, auraient appris au monde du travail les moyens pratiques de s'opposer efficacement à l'invasion socialiste.

De même, si, lors de la dissolution des syndicats catholiques du Nord et du Tarn, des députés, appuyés de toutes les forces conservatrices du pays, avaient protesté contre ces mesures arbitraires, s'ils avaient su faire ressortir ce qu'elles avaient d'odieux, en face surtout de la faveur accordée aux syndicats socialistes du Pas-de-Calais, du Tarn et du Nord même, qu'on laissait subsister contre l'avis et les instances réitérées du préfet de l'un de ces départements, les syndicats catholiques seraient encore debout, leur action aurait fait d'immenses progrès, et peut-être

« chaînés aussi contre le Souverain Pontife, en mêlant aux in-
« jures les menaces. » (*Allocution consistoriale du 14 décembre 1891.*)

1. Voir aux notes des pages 64, 65, 66, 88, comment cette conduite des hommes qui gouvernaient alors le pays, a été sévèrement jugée en France et à l'étranger, et particulièrement en Russie et en Italie.

paralysé la puissance des syndicats socialistes.

Et, comme elles eussent été plus fructueuses, les nobles entreprises des de Mun, des Garnier, des Léon Harmel, et de tous les champions de la cause ouvrière! Appuyés et soutenus par des masses organisées, leurs enseignements auraient pénétré partout. Leur parole, tombant sur un terrain préparé, ne serait pas restée inféconde, et nous assisterions à une levée de boucliers en masse, capable de repousser les socialistes, quels que soient leur nombre et leur force.

On n'a pas voulu comprendre, comme l'ont si bien compris les catholiques belges et allemands et les socialistes, que si l'individu a les idées, l'association [1] et l'organisation seules permettent de les faire épanouir et de les mettre en pratique. Et voilà pourquoi ces œuvres qui, soutenues par une sage organisation, auraient pu renouveler la face de la France, se sont trouvées, comme bâties sur le sable et n'ont pu résister à la tourmente qui menace d'emporter tout le monde civilisé.

Il faut, il faut à tout prix que les conservateurs disent tous ce que disait naguère un homme qui jusque-là s'était fait connaître par sa fidélité et

1. C'est ce que M. l'abbé Garnier a compris à merveille; car, depuis cette époque, il a fondé l'*Union nationale;* nous souhaitons de tout cœur à cette association de mieux réussir que ses devancières.

son attachement loyal aux traditions monarchiques :

« La vérité, c'est que le socialisme menace le monde moderne, ainsi que fut menacé par les barbares le colosse romain. Dieu veuille que nous ne soyons pas ravagés comme le fut l'empire des conquérants! A cette marée débordante Léon XIII a résolu d'opposer le rempart de toutes les forces religieuses et conservatrices. Il n'est point d'armée trop nombreuse ni trop disciplinée pour refouler cette invasion plus redoutable que ne l'ont été les anciennes. Et si le prévoyant génie de Léon XIII devine pour des temps futurs et qui, hélas! sont peut-être plus proches qu'on ne pense, quelque épouvantable cataclysme, quelque effroyable jacquerie, ne rendons pas inutiles tant de sagesse et tant de prudence. Le Pape nous montre le chemin : suivons-le[1]. »

1. M. De la C., dans la *Vraie France* de Lille, juin 1892.

CHAPITRE VII.

Nécessité où se trouvait la France de suivre l'exemple de la Belgique, de l'Allemagne et des socialistes.

Dans quelles fâcheuses conditions se trouvait la France en 1890. — Intervention de Léon XIII. — Cronstadt, conséquence de l'évolution qui s'opéra à la parole du Pape. — Reprise des hostilités contre les catholiques; elle est blâmée en France et à l'étranger, mais particulièrement en Russie. — L'attitude ferme et conciliante du Pape ramène la paix. — Progrès de l'évolution inaugurée par le toast d'Alger. — L'état des esprits se modifie notablement dans le camp républicain et des tendances marquées vers la pacification s'y manifestent. — Ce que pensent de Léon XIII et de sa politique MM. Goblet, Gerville-Réache, de Freycinet, Jules Ferry, Constans, Waddington, Charles Dupuy, Develle, Spuller, Casimir-Perier, Carnot. — Les républicains eux-mêmes se prononcent contre la politique antireligieuse. — Nouvelle disposition d'esprit à la Chambre des députés. — Favorable impression que ce nouvel état de choses produit sur le peuple. — Craintes que cette évolution inspire aux partisans de la Triple Alliance. — Pressions qu'ils exercent sur Léon XIII pour l'empêcher d'agir. — Fermeté du Pape.

Peut-être nous flattons-nous, mais il nous semble avoir démontré suffisamment par des faits palpables la puissance de l'organisation.

Nous voudrions maintenant établir, par un rapide examen des conditions dans lesquelles se trouvait la France à la veille des élections dernières, qu'il était particulièrement nécessaire aux forces conservatrices de ce pays de se grouper et de s'unir. Et puisse l'avenir profiter des fautes du passé!

« Il y a trois ans, écrivait tout récemment un des membres les plus illustres de l'Assemblée française, il y a trois ans, notre pays encore sous le coup de ses malheurs, suspect à ses voisins par la forme de son gouvernement comme par la direction de sa politique, semblait voué à l'isolement. On eût dit que le célèbre anathème de Bismarck : *Laissons-le cuire dans son jus*, était devenu le mot d'ordre de l'Europe monarchique. S'il n'était pas mis à l'index, il était tenu à distance. Reçu, mais non accueilli dans la société européenne, il n'avait ni une alliance, ni une amitié même discrète, ni une sympathie même déguisée.

« La paix tenait à un incident de frontière, à une imprudence de langage, à un caprice de jeune homme. Et cette guerre, toujours à l'état de menace, qu'eût-elle été?

« Sur le continent, nos armées auraient eu en face d'elles les quatre millions de soldats de la triple alliance; dans la Méditerranée, nos flottes étaient exposées à voir apparaître, derrière les vaisseaux de l'Italie, les vaisseaux de l'Angleterre.

« C'est au milieu des obscurités de cette situation pleine de périls [1] » que parut sur l'horizon de la France la noble et sereine intervention de Léon XIII. Des hauteurs du Vatican, le Pontife vit cet isolement, et comprit quels périls menaçaient une nation au fond si chrétienne : son cœur s'attendrit, sa main s'étendit pour la bénir, ses enseignements lumineux lui montrèrent le chemin du relèvement.

Dès les premiers pas qu'elle fit dans cette voie, nous vîmes son ciel s'éclaircir sensiblement. L'attitude du Pontife envers la France, l'évolution qui s'opéra à sa parole, frappèrent l'opinion publique et produisirent à l'étranger un effet considérable. Cronstadt apprit bientôt à l'Europe que la France n'était plus isolée [2].

---

1. Jacques Piou, *le Pape et l'Alliance russe*. Voir le *Figaro* du 13 novembre 1893.

2. M. H. de Lacombe disait dans *le Correspondant* (*Nouvelle série*, tome CXXXVI, p. 977) à ce propos : « N'oublions pas, Français, que les pas bien mesurés que les Russes font vers nous, ils ne les auraient même pas faits si, rassurant leurs dégoûts et leurs doutes par sa confiance, le Pape Léon XIII ne s'était fait devant l'Univers le répondant de la noble blessée de Sedan, de l'abandonnée des nations. »

M. le vicomte E.-M. de Vogüé avait déjà écrit sur le même

On n'ignore pas comment ce résultat inespéré fut presque aussitôt compromis par les sectaires à qui la France devait déjà tant d'années d'abaissement politique et moral. Ils savaient pourtant et de fort bonne part que la Russie, quoique *très-sympathique à la France et toute disposée à s'allier à la France chrétienne, ne pourrait jamais s'entendre avec un gouvernement athée* [1]; ils n'en voulurent pas moins rouvrir l'ère des conflits mesquins et antipatriotiques [2].

sujet dix-huit mois auparavant : « Sans être bien avant dans le secret des chancelleries, chacun devine que la politique de Cronstadt a aujourd'hui l'un de ses pivots au Vatican. » (Voir le *Figaro* du 3 mars 1892.)

Et, dans l'article cité plus haut, M. Piou disait encore : « La visite de l'escadre russe tient l'opinion publique en éveil depuis plus d'un mois. On a écrit des volumes à son occasion. Tous ceux qui ont préparé, de près ou de loin, le rapprochement des deux nations ont été cités et glorifiés; un seul nom a été oublié : c'est celui du premier et principal promoteur de ce rapprochement, celui du pape Léon XIII.

1. Paroles attribuées à M. le baron de Mohrenheim, et reproduites par nombre de journaux, notamment par la *France Nouvelle*, 9 septembre 1891.

2. Ces regrettables menées attirèrent à ceux qui s'en rendirent coupables des blâmes sévères que ne leur ménagèrent ni l'opinion française, ni la presse de l'étranger; qu'il nous suffise de citer comme preuve quelques lignes du *Journal de Saint-Pétersbourg* et un extrait de la *Revue des Deux Mondes*.

« La France, écrivait le *Journal de Saint-Pétersbourg*, serait-elle menacée d'un *kulturkampf?* On pourrait le redouter en présence des symptômes qui se produisent à la suite des incidents du pèlerinage français à Rome. Une dépêche de Paris nous

Ce procédé ingrat ne lassa pas le cœur du magnanime Pontife. Scrutateur profond des hommes et des choses, il entrevit sans doute, derrière

annonce aujourd'hui que l'archevêque d'Aix « sera traduit devant le tribunal correctionnel de la Seine, sous l'inculpation d'attaques contre les droits des ministres ». Ce prélat, on se le rappelle, avait été un des premiers, avec Mgr Freppel, évêque d'Angers, à protester contre la circulaire du garde des sceaux invitant les évêques, à la suite de l'incident du Panthéon, à ne pas quitter leurs diocèses sans l'autorisation du gouvernement. Les protestations de ce genre se sont multipliées depuis, mais celle de l'archevêque d'Aix était la plus accentuée, ce prélat ayant déclaré « qu'il ne tiendrait pas compte de la circulaire de M. Fallières ».

« Mais elles sont nombreuses, les voix qui s'élèvent contre la mesure à laquelle le gouvernement a cru devoir s'arrêter. On se demande si la circulaire du ministre de la justice était bien opportune, du moment qu'il n'était plus question actuellement de nouveaux pèlerinages auxquels des évêques eussent l'intention de s'associer, et, même dans la presse républicaine modérée, on pose la question de savoir si le mouvement d'adhésion à la forme de gouvernement actuelle, inauguré et patronné par certains prélats, le cardinal Lavigerie en tête, ne sera point contrecarré par l'invitation adressée à l'épiscopat.

« Et une preuve qu'il en sera du moins enrayé, c'est que l'évêque de Grenoble, Mgr Fava, qui s'était rallié à la croisade ouverte par le cardinal Lavigerie, vient de protester, lui aussi, en quelque sorte, sous la forme d'une lettre d'adhésion adressée à Mgr Freppel.

« Quoi qu'il en soit, une collision ouverte entre le pouvoir séculier et l'autorité ecclésiastique serait fort intempestive, à un moment où l'on paraissait vouloir inaugurer une ère d'apaisement et de conciliation, comme en témoignaient les nombreux discours ministériels prononcés récemment. » (Novembre 1891.)

La *Revue des Deux Mondes* était encore moins indulgente :

« On dirait, écrivait-elle, que dans cette maussade session, parlement et gouvernement, saisis d'une triste émulation, ont

de passagères épreuves, le retour de la fille aînée de l'Église à la vie et à la liberté. Comme le comte de Maistre à M. de Bonald, il dit : « Je vois le mal comme vous le voyez; mon œil plonge avec terreur dans ce profond cloaque. Cependant un instinct invincible me dit que nous verrons sortir de là quelque chose de merveilleux, comme un superbe œillet s'élance du fumier qui couvrait son germe [1]. » Aussi, tandis que les sectaires s'acharnaient à la ruine de cette noble et chevaleresque nation, lui, s'acharnait à son relèvement. Aux paroles succédaient les actes, et paroles et actes trahissaient la volonté inébranlable, le plan nettement arrêté, d'unir, de concentrer toutes les forces vives de la nation

mis une sorte de déplorable zèle à détruire ou à laisser détruire une situation qui avait, il y a six mois à peine, toutes les apparences de la force, de l'éclat, et qui a si rapidement décliné. Que reste-t-il de cette situation rassurante et flatteuse pour la France devant l'Europe? Six mois de session en ont eu raison.

« Chambre et ministres ont passé leur temps à s'épuiser en vaines discussions, à se tendre des pièges, à s'affaiblir mutuellement, à accroître les divisions et les confusions. Ils ne se sont entendus, ou ils n'ont eu l'air de s'entendre que sur un point, dans ces malheureuses affaires religieuses, où les uns ont porté plus que jamais leurs passions de secte, les autres leurs tristes condescendances. » (Mai-juin 1892, p. 229.)

Ajoutons qu'en Italie même, le libéral M. Bonghi désapprouva cette reprise des hostilités contre la religion.

1. Lettre 91 à M. le vicomte de Bonald, 13 décembre 1814.

pour son salut, pour sa délivrance. Sans cesse il allait répétant aux catholiques, aux hommes sensés et honnêtes « qu'ils ne pouvaient se per- « mettre ni indolence ni divisions; que l'indo- « lence serait une lâcheté indigne d'un chrétien, « que des divisions proviendrait une désastreuse « faiblesse. »

Cette attitude du Pontife, ses appels à la concorde et à la modération, sa confiance dans les destinées de la France, produisirent bientôt une détente.

Dans le camp catholique, le mouvement inauguré par le toast d'Alger, mouvement qu'on croyait à jamais compromis par les incidents du 2 octobre, s'accentua de jour en jour davantage, aussi bien parmi le peuple que parmi les hautes classes de la société. On vit dès lors des hommes éminents par le talent, la valeur, la situation, abdiquer toutes leurs préférences et se rapprocher de la forme de gouvernement que le pays s'était donnée.

De leur côté, les républicains ne virent pas sans une véritable admiration[1] cette grande attitude

1. Notre tâche serait trop lourde si nous voulions enregistrer tous les témoignages d'admiration qu'ont donnés à Léon XIII les ennemis les plus déclarés du catholicisme. Nous nous bornerons à n'en citer que quelques-unes :

M. GOBLET, le leader des radicaux socialistes, M. Goblet lui-

du Pape, et ils louèrent hautement sa politique à la fois si large et si avisée. Les résultats no se fi-

même, laisse échapper à sa plume quelques mots dans un article qu'il a intitulé *le Pape et la République.*

« On ne peut pas méconnaître, disait-il, qu'il y a un Pape au Vatican. L'attitude de Léon XIII, la ténacité qu'il apporte dans la poursuite de ses desseins, la fermeté avec laquelle il rappelle au respect de ses instructions, non seulement les membres les plus élevés de l'Église et les plus récalcitrants, mais les catholiques laïques qui font profession de lui obéir, montrent à n'en pas douter que le Pape actuel sait ce qu'il veut et qu'il le veut bien. » (*Petite République française,* 17 mai 1892.)

M. Gerville-Réache, député opportuniste radical, dans un article qui eut beaucoup de retentissement, après avoir examiné le programme « pratique et grandiose » du Souverain Pontife, disait :

« Je me représente le Parlement français devenu homogène au point de vue constitutionnel, les députés et les sénateurs plaçant loyalement et définitivement la République en dehors et au-dessus de leurs contestations, que de grandes choses seraient possibles! Combien de *desiderata* seraient successivement réalisés!

« Nous formerions deux grands partis : l'un à tendances conservatrices, l'autre à tendances progressives. Mais l'un et l'autre ne songeraient plus à ces mesures de guerre et de représailles dont on trouve la trace dans plus d'une de nos lois, lois de défense et de sûreté faites contre des oppositions anticonstitutionnelles et pour vaincre des militants, mais qui seraient hors de saison en face d'adversaires se réclamant, comme nous-mêmes, de la République.

« Pour prendre des exemples, j'estime que le jour où les partis anticonstitutionnels disparaîtraient de la Chambre et du pays, il n'y aurait plus de raison de tenir éloignés de leur patrie des Français que nous avons dû expulser dans l'ardeur de la lutte et par mesure de prudence contre des menées que nous trouvions dangereuses pour la sécurité publique. Les questions

rent pas attendre : la séparation de l'Église et de
l'État fut conjurée[1]; on cessa même de s'occuper

religieuses perdraient de leur acuité et rentreraient dans le domaine des choses de la conscience, auxquelles nous devons la
protection de la plus large tolérance.

« Nous pourrions, bien loin de nous diminuer les uns les autres en essayant de nous déconsidérer, travailler à fortifier et à
asseoir les amitiés et les alliances de la France. Nous n'aurions
aucune raison de ne pas concourir à la confection de bonnes
lois, assurant l'ordre et la richesse. Chacun trouverait avantage
à contribuer à la solution des problèmes posés par la souffrance
et la misère. Nous rivaliserions d'enthousiasme et de persévérance à améliorer le sort des humbles, des faibles et des petits.

« Tel est le programme que fait concevoir l'unité constitutionnelle de la France, programme pratique, grandiose et digne
de tenter tous les grands cœurs et tous les grands esprits. A
l'œuvre donc! Que ceux qui peuvent quelque chose pour sa
réalisation apportent sur l'autel de la patrie leurs dernières hésitations, leurs dernières répugnances. » (*Éclair*, 18 juin 1892.)

Les républicains furent de beaucoup les premiers à comprendre toute la portée politique des enseignements de Léon XIII ;
ils comprirent aussi quels devoirs deviendraient les leurs, si
les catholiques adoptaient la ligne de conduite tracée par le
Pape.

1. M. DE FREYCINET, président du conseil, lorsqu'en 1892 les
radicaux, pour préparer la séparation de l'Église et de l'État,
déposèrent un projet de loi sur les associations, ne craignit pas
de rendre à Léon XIII ce bel hommage :

« Et ce n'est pas aujourd'hui, — je le dirai au risque d'être
interrompu encore, — quand il y a au Vatican un Pontife d'un
esprit très élevé, qui comprend les nécessités de son temps, qui
nous a donné des preuves répétées de sa sympathie pour la
France... (Très bien! très bien! au centre; exclamations ironi-
ques à gauche), et qui, j'en ai la certitude, désire ne pas susciter de difficultés à la République, ce n'est pas en ce moment
que nous nous abstiendrons de faire ce qu'on a fait sous tous
les gouvernements, de nous entretenir avec le Saint-Siège des

de cette question ; on ne parla plus de supprimer
l'ambassade française auprès du Vatican, ni
de diminuer encore le budget des cultes, ni de
réduire au nombre qu'on appelait concordataire
les évêchés et archevêchés : toutes mesures que
l'on préparait et qu'on n'aurait pu réaliser sans
troubler profondément le fonctionnement régulier de l'Église de France. Bientôt même, l'on put
s'apercevoir que des modifications considérables
s'étaient produites dans l'état des esprits et que
la tendance vers la pacification s'était nettement
accentuée[1]. En province, un grand nombre de ré-

questions qui intéressent la conduite de l'Église française... »
(Séance du 18 février 1892.)

1. Ces tendances se manifestèrent surtout par les résolutions
prises dans les Conseils généraux de cette année 1892 qui
avait vu tout d'abord s'allumer plus ardente que jamais la
guerre aux catholiques. Sur 86 conseils généraux, 7 ou 8 à peine
émirent des votes, ou formulèrent des vœux hostiles à la pacification religieuse ; la plupart des autres manifestèrent hautement leur désir d'apaisement et de réconciliation. On remarqua
surtout les affirmations nettes des conseils généraux de l'A-
veyron, des Bouches-du-Rhône, du Gard, des Hautes-Pyrénées,
de la Mayenne, de la Côte-d'Or, de la Charente-Inférieure, de
la Lozère, d'Eure-et-Loir.

M. Rousset, président du Conseil général de la Lozère, vieux
républicain de 1848, après avoir fait de Léon XIII un magnifique
éloge, s'écriait : « Je crois qu'il faut dire aujourd'hui, sans crainte
d'aucun démenti : Le péril est du côté où l'anarchie se montre
à nous, recrute des soldats, brigue des mandats électifs dans
nos grandes cités et arbore le drapeau de la destruction violente
de la société. » — On le voit, il ne s'agit plus du péril clérical.

M. Labiche, président du Conseil général d'Eure-et-Loir, séna-

publicains sincères firent, vers le catholicisme, un
mouvement analogue à celui que les catholiques

teur de gauche, disait de son côté : « La République que veut
la France, c'est la République libérale, c'est la République ouverte à tous les hommes de bonne volonté. Le gouvernement
d'un grand pays comme le nôtre ne doit pas être le patrimoine d'un groupe de sectaires imposant, sous peine d'excom-
munication, une espèce de *Credo* politique, hors duquel il n'y
aurait pas de salut. »

M. JULES FERRY, président du Conseil général des Vosges, dé-
clarait que la « République est ouverte à tous les hommes de
bonne volonté et de bonne foi, » et il ajoutait : « Que ceux qui
ont fait leurs preuves républicaines et que ceux qui demandent à les faire, soient les bienvenus. »

M. SPULLER, président du Conseil général de la Côte-d'Or,
faisait courageusement rejeter la proposition de M. Gueneau,
tendant à obliger les fonctionnaires à faire élever leurs enfants
dans les écoles de l'État.

M. WADDINGTON, protestant, dans un dîner que lui avait offert le Conseil général de l'Aisne, disait, à l'éloge du Saint-Siège :

« L'intervention du Saint-Siège ne peut pas être passée sous
silence. Le Pape, en proclamant fermement et clairement que
les intérêts de la religion ne sont pas solidaires de la forme de
gouvernement, a rassuré les âmes sincères et pieuses qui se dé-
fiaient encore de la République, et a enlevé aux anciens partis
leur arme la plus dangereuse. La République doit lui en être
reconnaissante. »

Après avoir constaté que, pendant cette session des conseils
généraux, le mouvement constitutionnel s'était accentué avec
plus de netteté et de rapidité que le Pape lui-même ne pouvait
l'espérer ; que, de toutes parts, les conservateurs faisaient adhésion à la forme républicaine, et que de leur côté les républicains
abandonnaient l'âpreté de leurs polémiques habituelles et affi-
chaient des professions de foi aussi modérées dans les termes que
dans le fond ; après avoir apporté, à l'appui de ses assertions, de
nombreux extraits de journaux coupés un peu partout, le *Figaro* disait : « On voit combien est grand le chemin parcouru

faisaient vers la République[1]. Ceux-là mêmes qui devaient leur célébrité à l'intolérance dont ils avaient donné trop de preuves, ne purent s'empêcher d'adresser des paroles de paix et de bienvenue à ceux qu'ils avaient jusqu'alors combattus à outrance[2]. Les hommes du gouvernement, les diplomates, et enfin le chef de l'État, reconnurent

depuis l'Encyclique, et quel effet considérable ont produit sur les esprits modérés, dans tout le pays, les éloquentes exhortations parties de Rome. (*Figaro* du 29 juillet 1892.)

M. GACHET, maire républicain de Grenoble, à l'occasion du 14 juillet, faisait afficher une proclamation dont nous extrayons le passage suivant :

« J'aime à me réjouir avec vous des affaires intérieures dont l'importance est capitale : la prospérité sans exemple de la fortune publique ; la reconnaissance officielle de la République par la première autorité ecclésiastique ; la soumission de la grande majorité des catholiques aux instructions d'un Pape clairvoyant ; l'entrée loyale dans la République largement ouverte des représentants des anciens partis ; la mise à l'étude des questions sociales trop négligées jusqu'à présent.

« Tous les bons Français, tous ceux qui ne se préoccupent pas de vaines étiquettes ou qui ne cherchent pas de faciles popularités, demanderont avec moi la paix religieuse d'abord, sans laquelle rien de durable, rien de grand ne saurait être entrepris, et ensuite la paix sociale ! »

1. Lire à cet effet, la très remarquable lettre de M. Edmond TURQUET, ancien député de l'Aisne, publiée par la *Libre Parole* du 16 août 1893.

2. M. FERRY, l'auteur même des lois scolaires, quelques mois après avoir fait devant le Conseil général des Vosges, la significative déclaration que nous avons citée plus haut, élu président du Sénat, terminait ainsi son discours de prise de possession :

« Notre République est ouverte à tous ; elle n'est la propriété d'aucune secte, d'aucun groupe, ce groupe fût-il celui des hom-

hautement la sagesse de la politique du Pape et les
avantages que le pays en pouvait retirer. En un

mes qui l'ont fondée. Elle accueille tous les hommes de bonne
volonté ; mais, pour leur faire une place, les républicains n'ont
pas besoin, j'imagine, de se déclarer la guerre les uns aux autres.

« Ce serait bien mal comprendre le grand mouvement de
ralliement qui s'opère dans les masses profondes et qui, en dépit des incidents et des accidents, poursuit sa marche impertur-
bable, parce qu'il est conduit par la force des choses et par les
intérêts les plus élevés de la patrie. »

De telles déclarations, sorties d'une telle bouche, ne démon-
trent-elles pas jusqu'à l'évidence l'heureuse influence du mouvement qu'a déterminé Léon XIII?

M. Constans, le célèbre ministre de l'intérieur, qui fit croche-
ter les couvents, parlait en ces termes, dans son fameux discours de Toulouse, de la politique d'apaisement :

« Le premier résultat de la force gouvernementale, c'est l'ordre, et le premier résultat de l'ordre, c'est la paix sociale qui
s'obtient par la tolérance pour les idées ; les républicains doivent être tolérants.

« La tolérance, c'est le respect bienveillant de la liberté d'autrui, même lorsqu'elle nous gêne, pourvu toutefois qu'elle s'exerce
dans la limite fixée par les lois. C'est presque une vertu ; c'est
pourquoi la pratique en est difficile. Mais elle est aussi un devoir,
et nous ne nous y soustrairons pas.

« ..... Aujourd'hui, les catholiques, obéissant à l'ordre que leur
en a donné le Chef de la catholicité, déclarent renoncer aux
hostilités. Nous les suivrons sur ce terrain nouveau, car nous
n'avons aucun intérêt à entretenir la division au sein des enfants de la même patrie.....

« Nous accueillerons donc les nouveaux arrivants comme nous
avons accueilli ceux qui, depuis quinze ans déjà, sont venus
s'unir et se grouper avec les anciens, et ceux-ci seront certainement les moins exclusifs, parce que plus ils sont anciens, plus
ils aiment la République, et plus ils se réjouissent de ses conquêtes. Nous ne suspectons la bonne foi de personne, et d'ailleurs,
pour le plus grand nombre des nouveaux venus, qui ne deman-

mot, deux années ne s'étaient pas encore écoulées, que la situation se trouvait grandement améliorée.

dent rien et ne désirent qu'une chose, travailler avec nous à la prospérité et à la grandeur de notre pays, comment douter de la loyauté, de la sincérité de leur adhésion? » (6 juin 1893.)

M. Charles Dupuy, président du Conseil en 1893, répondant à un toast du maire de Toulouse disait : « Certes, les conseils partis de Rome, dans une pensée élevée d'apaisement, de conciliation et, pour tout dire, d'humanité, ne sont indifférents à aucun de ceux qui pensent dans le monde, et ce serait folie de méconnaître la force persuasive qui vient de ce pouvoir qu'un homme d'État a appelé : la puissance intangible. » (21 mai 1893.)

Quelques jours plus tard, dans une autre circonstance, il disait : « Élargissons la République pour que tous les Français y puissent entrer. Donc tolérance, justice et liberté pour tous. La République n'est la propriété de personne, elle n'est le bien d'aucun citoyen en particulier, elle est le patrimoine commun des citoyens. » (12 août 1892.)

Et enfin, lorsqu'il inaugura la nouvelle législature, voyant dans les élections des 20 août et 3 septembre 1893, une aspiration de la France vers une politique pratique, il écarta les questions irritantes et déclara hardiment que la discussion sur la séparation de l'Église et de État ne devait pas être inscrite au programme des travaux de l'Assemblée.

M. Develle, ministre des affaires étrangères en 1893, s'élevant contre une motion de M. Hubbard qui tendait à la suppression de l'ambassade auprès du Vatican, après avoir démontré comment tous les ministres, qu'ils se nommassent Gambetta ou Goblet, ont tenu à honneur de combattre cette proposition, ajoutait :

« C'est un argument nouveau qu'on vient en ce moment développer devant vous. Jusqu'ici, lorsqu'on vous proposait de supprimer l'ambassade du Vatican, on vous signalait les tendances rétrogrades qui régnaient au Vatican, en vous montrant, dans le Saint-Père, l'adversaire résolu de l'esprit moderne et des institutions démocratiques.

« Aujourd'hui, par un singulier retour des choses, on nous de-

Le Parlement aussi s'était assagi. Il ne suffisait plus, comme jadis, de crier sus au cléricalisme pour rallier les diverses fractions de la majorité ; les questions religieuses étaient devenues au contraire, pour la majorité même, des occasions de

mande la suppression de l'ambassade du Vatican, parce que le Souverain Pontife a parlé avec trop de bienveillance et d'équité de nos institutions républicaines.

« Eh bien, Messieurs, il est possible que ce langage dérange quelques combinaisons politiques ; mais, quant à moi, j'estime qu'il doit donner plus de force et de fierté à ceux qui depuis leur jeunesse ont défendu la cause de la République, et je réponds que, si l'honorable M. Hubbard trouve, dans le langage de Léon XIII, une raison pour justifier la suppression de l'ambassade du Vatican, j'y trouve, et j'espère que vous y trouverez un motif décisif pour repousser son amendement. » (Séance du 19 janvier 1893.)

M. CARNOT, en répondant à l'allocution de leurs Éminences les cardinaux Meignan et Thomas, s'exprima en ces termes à l'égard de Léon XIII et de sa politique :

« A l'exemple de Sa Sainteté le pape Léon XIII, dont l'Église s'apprête à fêter le glorieux et fécond pontificat par des solennités auxquelles s'associera le gouvernement de la République, vous avez compris le besoin de pacification, d'harmonie et d'entente entre les fils d'une même patrie, que ressentent tous les esprits impartiaux et éclairés. »

En maintes autres circonstances, qu'il serait trop long de rapporter, M. le Président de la République a manifesté les mêmes sentiments.

Nous dépasserions les bornes prescrites à ce petit travail, si nous entreprenions de dire ici quel accueil fut fait aux déclarations pontificales par cette presse modérée et indépendante, qui est ce que nous appellerions volontiers le thermomètre de l'opinion publique en France, et non pas l'écho vendu de tel ou tel parti.

discorde. L'accueil fait aux interpellations et aux projets de loi visant les catholiques, la religion, le Saint-Siège, était loin de déceler la même hostilité de parti pris[1].

Les députés semblèrent avoir compris que, pour relever dans le pays le prestige de la représentation nationale et donner à la forme républi-

1. A ce propos, en lisait dans le *Temps* : « L'accueil fait hier au projet d'interpellation de M. Hubbard (le projet auquel nous avons fait allusion plus haut, en citant les paroles de M. Develle), décèle une disposition d'esprit assez nouvelle au Parlement. Le ministre des affaires étrangères n'a eu qu'à paraître à la tribune et qu'à y prononcer quelques mots, d'ailleurs très heureux, pour que l'Assemblée, d'un mouvement presque unanime, ajournât cette question *sine die*. En d'autres temps, elle eût été discutée sur l'heure même ; elle eût fourni le prétexte d'un débat orageux, elle eût suscité de retentissantes professions de foi et abouti à un scrutin final où partisans et adversaires de la séparation de l'Église et de l'État se seraient comptés une fois de plus. Peut-être même aurait-elle mis le cabinet dans l'embarras. Si M. Hubbard s'est flatté d'obtenir, hier, les mêmes résultats, il a, en vérité, mal calculé les chances et mal choisi son heure.

« Plus significative encore que l'attitude de la Chambre a été celle du groupe d'études dans une réunion qui a précédé la séance. Au lieu de se jeter sur le projet d'interpellation comme le chasseur sur le gibier, le groupe s'y est montré, lui aussi, presque unanimement hostile. Et la raison par laquelle il a motivé son hostilité mérite d'être retenue. Le groupe d'études a considéré, paraît-il, qu'un débat sur la question de l'ambassade extraordinaire auprès du Vatican serait une cause de division entre républicains, surgissant de la manière la plus inopportune au moment où l'on cherche les moyens, soit de refaire l'union entre eux, soit de provoquer un vote qui établisse qu'elle n'a jamais été rompue. » (13 février 1893.)

caine une assiette de plus en plus solide, il fallait
à tout prix écarter les conflits religieux. De telles
discordes, disait-on, n'avaient eu pour résultat
que d'éloigner de la République la plus notable
partie de la population honnête; il fallait désormais s'appliquer à rendre au pays le calme, la
stabilité et la confiance si nécessaires aux grands
intérêts nationaux [1].

Rassurée dans sa foi, la grande masse du peuple ne refusa plus aux pouvoirs établis un concours indispensable à tout gouvernement qui veut

1. Tandis que nous écrivions ces pages, ces sentiments de la
Chambre s'accentuaient encore. Dans la séance du 3 mars 1894,
dont nous avons déjà parlé, M. SPULLER, ministre de l'instruction
publique et des cultes, le constatait en ces termes :

« Ce qui importe, c'est de marquer que, dans ces questions
de querelles religieuses, un principe supérieur doit nous dominer, le principe de la tolérance, non pas de la tolérance au sens
étroit du mot par opposition à la liberté, mais du véritable esprit de tolérance éclairée, humaine, supérieure, qui a son principe non seulement dans la liberté de l'esprit, mais dans la chaleur du cœur.

« Il est temps de lutter contre tous les fanatismes et contre
tous les sectaires.

« La Chambre peut compter sur la vigilance du gouvernement
pour maintenir les droits de l'État laïque, mais aussi sur l'*esprit nouveau* qui l'anime et qui a pour objet de concilier tous
les citoyens et de faire l'apaisement dans notre société française...,
et qui tend, dans une société aussi profondément troublée que la
nôtre, à ramener tous les Français autour des idées du bon sens,
de la justice et de la charité. »

Et, après avoir fait observer, comme nous l'avons vu, que la
Chambre nouvelle n'était plus animée de passions religieuses, il

faire œuvre efficace et durable. Chacun prévoyait qu'à une ère de méfiance et de haine allaient succéder la concorde et la paix. On sentait que quelque chose de nouveau et d'imprévu avait pénétré la société française tout entière ; on se prenait à espérer des temps meilleurs ; on croyait fermement que ce nouvel état de choses présageait pour la France un avenir de grandeur et de prospérité.

Et les Français n'en étaient pas seuls convaincus.

ajoutait : « Je déclare que, pour ma part, je regarde la politique républicaine, la politique du gouvernement, comme nécessairement engagée dans une voie différente. Et, en le disant, je crois servir mon pays et mon parti.

« Il importe que l'Église ne puisse pas prétendre, comme elle a fait si longtemps, qu'elle est chassée, qu'elle est exclue, tenue en dehors de la vie sociale de ce pays. »

M. Casimir-Perier, président du Conseil, après avoir déclaré dans la même séance, que l'avis du ministre des cultes était le sien et que lui aussi pensait qu'une politique nouvelle pouvait être suivie dans les affaires religieuses, disait, « qu'il serait tout à fait puéril, ridicule et indigne de la République, d'entreprendre une petite guerre de taquineries mesquines, et que, s'il entendait être le défenseur énergique des droits de l'État, il croyait aussi avoir autre chose à faire que d'animer les citoyens les uns contre les autres à propos des questions religieuses. » (Vifs applaudissements au centre, à droite, et sur divers bancs de gauche.)

Un membre de l'extrême gauche ayant fait remarquer que parmi ceux qui applaudissaient se trouvait même M. Humbert, député radical-socialiste et président du Conseil municipal de Paris, celui-ci s'écria de façon à être entendu de tous :

« Oui, parfaitement, j'applaudis la politique de tolérance, notez-le ! »

Ce qui le prouve, ce sont les critiques amères dont les journaux officiels d'Allemagne et d'Italie poursuivirent Léon XIII, lors de sa pacifique intervention dans les affaires de France; c'est la joie que ces feuilles laissaient percer, chaque fois que surgissait une difficulté capable de retarder le triomphe des idées du Pape; ce sont les efforts sans cesse renouvelés, les ruses de toute sorte employées pour faire échouer un plan que l'on craignait tant de voir réussir. Non, certes, ils ne s'y trompaient pas, ceux qui comptaient sur les divisions intestines de la France pour réaliser leurs desseins contre ce pays; ils avaient compris, dès la première heure, que la politique pontificale pouvait déjouer leurs calculs, concentrer toutes les forces vitales d'une nation abhorrée et en faire l'arbitre des destinées de l'Europe.

Mais, pressions gouvernementales, supplications, promesses, menaces [1], tout échoua contre

---

1. Dans l'article cité plus haut, M. Piou disait à ce sujet :

« Tout le monde sait le rude assaut que le Saint-Père eut à soutenir contre ceux des catholiques français que la nouvelle orientation de sa politique déconcertait ou blessait. Ce qu'on sait moins, c'est l'ardeur des efforts tentés par la Triple Alliance pour l'y faire renoncer. Dans notre pays, où on lit peu les journaux étrangers, on ne sut guère à quel diapason était monté le ton de polémique dans la presse allemande et italienne. Pendant plusieurs semaines, elle jeta les hauts cris dans l'espoir d'intimider le Souverain Pontife. La disgrâce du cardinal Rampolla

la dignité et l'énergie du Souverain Pontife. Ces oppositions ne firent, au contraire, qu'augmenter encore le dévouement de Léon XIII pour la France, et provoquer de sa part de nouvelles preuves de cette paternelle affection. Pour s'en convaincre, il suffit de lire les discours et les écrits que lui a dictés son ardent désir de procurer le salut d'une nation qui demeure toujours la Fille aînée de l'Église.

était réclamée comme une satisfaction nécessaire. En même temps, M. Crispi redoublait de mauvais procédés, et la chancellerie allemande glissait à l'oreille du nonce de Bavière des paroles habilement comminatoires. »

Nous sommes en mesure de garantir la scrupuleuse exactitude des affirmations de M. Jacques Piou. Tout au plus, ferons-nous observer que la presse de la Triple Alliance a jeté les hauts cris, non pas seulement pendant plusieurs semaines, mais pendant plusieurs années et que, maintenant encore, elle ne cesse de réclamer plus ou moins ouvertement la disgrâce de S. Ém. le cardinal Rampolla, secrétaire d'État.

CHAPITRE VIII.

Continuation du même sujet.

La pacification et l'unité constitutionnelle de la France étaient vivement désirées par la Russie. — Quelles sympathies portent les Russes et les Français les uns vers les autres. — Chateaubriand. — Diverses tentatives d'alliance entre la France et la Russie. — Comment M. de Bismarck contribua à faire aboutir ces négociations. — Caractère religieux du peuple russe. — Comment, par leur esprit d'irréligion, les hommes qui gouvernaient la France empêchèrent la conclusion du traité. — Rome se fait le trait d'union entre Paris et Saint-Pétersbourg. — Admiration des Russes pour la politique de Léon XIII. — Cronstadt. — Comment les Russes, tout en blâmant la reprise des hostilités contre les catholiques, furent entraînés, par l'exemple de Léon XIII, à ne pas rompre avec la France. — Le Tzar et l'Encyclique. — Nouveau rapprochement entre la Russie et la France. — Les élections. — Quel caractère particulièrement grave elles revêtirent en cette circonstance. — Attention que l'Europe leur donna.

La France donc, obéissant à la vigoureuse impulsion de Léon XIII, marchait rapidement à la pacification religieuse, et elle était à la veille d'acquérir cette unité politique et constitutionnelle si redoutée par ses adversaires, si souhaitée par ses amis.

5.

Souhaitée par ses amis, elle l'était certes plus qu'on ne saurait dire.

A l'occasion de l'arrivée si récente encore de l'escadre russe à Toulon, nombre d'écrivains et d'hommes politiques se sont appliqués à faire voir qu'elle est bien ancienne et naturelle, l'attraction qui porte l'un vers l'autre le peuple russe et le peuple français. Un caractère semblable, des tendances et des intérêts identiques [1], ne devaient-ils pas, l'heure venue, amener presque fatalement ces deux nations à manifester bien haut leurs sympathies latentes et à se tendre fraternellement la main ?

Et en effet, depuis plus d'un siècle, cette sympathie réciproque s'est nettement affirmée en maintes occasions, et les conflits mêmes n'ont servi qu'à l'augmenter. Ce n'est pas d'aujourd'hui

1. Déjà, en 1828, Chateaubriand, alors ambassadeur à Rome, écrivait :

« Il y a sympathie entre la Russie et la France : la dernière a presque civilisé la première dans les classes élevées de la société ; elle lui a donné sa langue et ses mœurs. Placées aux deux extrémités de l'Europe, la France et la Russie ne se touchent point par leurs frontières ; elles n'ont point de champ de bataille où elles puissent se rencontrer ; elles n'ont aucune rivalité de commerce, et les ennemis naturels de la Russie sont aussi les ennemis naturels de la France. En temps de paix, que le cabinet des Tuileries reste l'allié du cabinet de Pétersbourg, et rien ne peut bouger en Europe. En temps de guerre, l'union des deux cabinets dictera des lois au monde. »

que l'on parle d'entente, de projets d'alliance. Cependant jamais les périls et les difficultés de la situation n'avaient rendu si aisé un rapprochement entre la France et la Russie; jamais la nécessité d'un accord ne s'était fait si impérieusement sentir que lors de la formation de la Triple Alliance. Puisque le prince de Bismarck avait réussi à faire, entre les puissances centrales de l'Europe, une union destinée à fortifier l'Autriche contre la Russie et l'Allemagne contre la France, il fallait qu'une autre union se fît entre la France et la Russie contre les puissances centrales. Le chancelier de fer contribuait ainsi, sans trop s'en douter peut-être, à faire éclore une entente que les intrigues diplomatiques avaient plus d'une fois fait avorter.

Hélas! à cette époque, la France était à la merci d'un gouvernement radical et sectaire; aussi l'alliance tant désirée ne fut-elle pas encore conclue.

Il est impossible de vivre parmi les Russes sans remarquer quelle place le sentiment religieux occupe dans les idées et le caractère de ce peuple. Les sujets du Tzar subordonnent à la religion tout intérêt politique et même national. La patrie n'est pas pour eux, comme pour les peuples occidentaux, l'objet d'un culte simplement moral, humain, philosophique; c'est quelque chose qui dépasse l'homme, quelque chose de surnaturel, et que l'on révère en quelque sorte comme on révère la divinité. Le Russe fait plus qu'aimer la Russie : il vénère, il adore « la Sainte Russie ! ».

1. Il ne faudrait pas croire, comme on le croit trop généralement, que cet esprit religieux est le partage exclusif des moujiks et de la population ignorante; toutes les classes de la société en sont pénétrées, surtout la vieille aristocratie. Nous en avons eu une preuve frappante lors de l'arrivée en France de l'amiral Avellan et des vaisseaux qu'il commandait. Le service religieux à bord, à Toulon, le *Te Deum* à l'église russe de Paris, la visite à S. Ém. le cardinal Richard, la présence des officiers et des matelots de l'escadre au *Te Deum* de Montmartre, témoignent hautement du profond attachement des Russes à la religion. Ce *Te Deum* chanté à Montmartre eut dans l'immense empire moscovite un tel retentissement, que le Tzar, aussitôt qu'il en eut connaissance, chargea son ambassadeur de transmettre au cardinal Richard l'expression de sa reconnaissance émue.

En même temps, le Cardinal archevêque recevait, du général Eugène Bogdanovitch, la lettre suivante que nous nous faisons un plaisir de reproduire, car elle exprime à merveille, dans un langage plein de couleur locale, les vrais sentiments des Russes.

Saint-Pétersbourg, 24 octobre 1893.

« Éminence,

« Les fêtes par lesquelles la France célèbre actuellement, avec une si grande loyauté et sans arrière-pensée, la visite des marins russes, constituent l'inébranlable alliance de deux grands peuples, leur garantissant tous les bienfaits d'une longue paix générale; elles ont provoqué dans tout l'immense empire russe les plus sympathiques échos.

« Maintenant le télégraphe nous a informés que Votre Éminence, par un mandement, a reconnu, dans la sincère alliance des peuples russe et français, la bénédiction céleste couvrant la France animée de sentiments hautement religieux.

« Votre Éminence a jugé, du haut de la chaire épiscopale de la

Une nation si profondément religieuse pouvait-elle s'allier à un pays où la religion était au contraire persécutée avec acharnement? Un peuple chez qui toutes les divergences d'habitudes, d'ins-

capitale de la France, que dans ce moment de rapprochement si solennel des deux nations, s'accomplissant au milieu des circonstances actuelles, la seule force capable de le cimenter solidement ne peut émaner que de la force suprême et de la bénédiction du Dieu tout-puissant.

« L'histoire de la Russie offre de nombreux témoignages de la participation de la Providence divine dans les destinées de la patrie, toujours fidèle à Dieu dans notre sainte Russie, où chaque œuvre de bien s'accomplit sous les auspices de la prière et où la devise du peuple est de vivre et d'agir « pour la foi, le tsar et la patrie ».

« Les prières célébrées aujourd'hui en France, par l'initiative de Votre Éminence produisent déjà et produiront indubitablement, jusque dans les parages les plus lointains de la terre russe, la plus profonde impression, fortifiant la foi dans l'impérissable alliance des deux nations, et conséquemment la foi dans une solide paix et dans un bien-être commun.

« Comme ancien marguillier que j'ai longtemps été de la cathédrale d'Isaac, comme éditeur de brochures populaires gratuites, conçues dans un esprit moral et religieux, distribuées déjà à plusieurs millions d'exemplaires, j'ose adresser à Votre Éminence cette respectueuse déclaration. »

Signé : « Eugène BOGDANOVITCH. »

Et, dans la lettre que les représentants de la presse russe adressaient à M. Hébrard, président du syndicat de la presse parisienne, nous trouvons ces mots caractéristiques : « Le peuple russe possède à un haut degré le sentiment et la foi, et nous, modestes organes de sa pensée, nous partageons ses impressions, ses croyances. »

Avions-nous tort de dire qu'en Russie toutes les classes de la société sont profondément imprégnées d'esprit religieux ?

tinets, de mœurs, toutes les différences de race, s'effacent et se confondent dans un amour commun de la même patrie, pouvait-il tendre la main à un autre peuple qui, en présence d'une alliance étrangère, si favorable à ses intérêts, s'épuisait en mesquines luttes intestines, au lieu de se grouper étroitement autour du drapeau de la patrie et de se préparer à d'inévitables conflits [1] ?

Aussi, « dans l'esprit du Tzar et de plusieurs de ses conseillers les plus écoutés, prédominait une pénible incertitude, au sujet de la convenance, voire de l'utilité pratique, d'un rapprochement politique avec une nation comme la France, toujours en proie aux effervescences révolutionnaires. Une entente entre un empire essentiellement conservateur et une république ultra-démocratique semblait presque une contradiction. Sacrifier si ouvertement les principes d'ordre social et traditionnel à des intérêts d'ordre politique et international paraissait vraiment illogi-

1. C'est ce que le général Komaroff, directeur du *Sviet*, exprimait avec une concision admirable au dîner d'adieu qui lui fut offert par la presse française : — « Jadis, on disait dans mon pays : avec qui peut-on conclure en France un traité d'alliance ? Aujourd'hui, cette objection n'a plus de valeur; l'alliance est faite avec la nation tout entière. » — Ces quelques mots caractérisent d'une manière frappante la situation de la France, avant et après l'intervention de Léon XIII.

que[1]. « Malgré les événements qui pressaient la Russie et la France de s'unir contre l'ennemi commun, le Tzar et ses conseillers se tenaient dans une prudente réserve; ils s'efforçaient de faire comprendre aux hommes sur qui reposaient les destinées de la France que *la nation russe est religieuse, que la France s'assurerait son amitié en restant une nation chrétienne, et que la Russie ne pourrait jamais s'unir à un gouvernement athée*[2].

Il était réservé à Léon XIII de lever les obstacles qui subsistaient encore entre Saint-Pétersbourg et Paris, et de se faire le trait d'union entre deux peuples si désireux de s'entendre. L'intervention du Pape dans les affaires de la France fut saluée en Russie avec enthousiasme. Dès le début on en comprit toute la portée, et bientôt on fut intimement convaincu qu'une France nouvelle allait surgir, unie, forte, chrétienne, telle enfin qu'on pourrait s'allier avec elle sans crainte ni hésitation. Aussi, de quel œil attentif on suivait les résultats de l'initiative pontificale, afin de saisir la première occasion de réaliser les vœux des deux peuples.

Aux premiers pas que firent les Français dans

1. Lettre de Saint-Pétersbourg publiée par *l'Osservatore Romano* du 22 décembre 1893.
2. Cf. note 1, p. 64.

la voie indiquée par Rome répondit une détente générale. Cronstadt montra à l'Europe attentive les véritables intentions du Tzar. Malheureusement survint cette triste reprise des hostilités religieuses que le gouvernement de la République crut devoir donner comme épilogue aux incidents du 2 octobre. Nous avons vu quel fut alors le désappointement de la presse russe[1] : l'alliance était mise en question une fois de plus !

Cependant, la confiance que, malgré ces nouveaux outrages à la religion, Léon XIII ne cessait d'avoir dans les destinées de la France, sa fermeté et son énergie à poursuivre, en dépit de toutes les difficultés, l'œuvre qu'il avait entreprise, empêchèrent une rupture définitive entre les deux pays. Les efforts du Souverain Pontife ne devaient pas demeurer sans fruit; un si regrettable état de choses ne pouvait pas se prolonger en France.

A la cour de Saint-Pétersbourg, personne n'ignore qu'après avoir lu la lettre Encyclique du Pape aux Français, Alexandre III s'écria : « Maintenant je vois que la République en France n'est ni une utopie ni un danger[2]. »

1. Cf. note 2, p. 61.
2. Lettre de Saint-Pétersbourg à l'*Osservatore Romano* du 22 décembre 1893.

Le mouvement d'adhésion à la forme de gouvernement établi qui gagnait de proche en proche dans le camp conservateur, les tendances vers la pacification qui s'accentuaient de plus en plus dans le parti républicain, produisirent dans tout l'empire moscovite l'impression la plus favorable. Et de nouveau on vit la Russie saisir avec empressement toutes les occasions de témoigner à la France ses vives sympathies[1].

Les deux peuples étaient convaincus qu'aux premiers gages de pacification religieuse et de

[1]. Parmi les témoignages divers que le Tzar donna à la France de ses sympathies renaissantes, un des plus frappants fut la visite que le grand-duc Constantin fit à M. Carnot, lors de son voyage à Nancy, en juin 1892. Cette visite au Président de la République française, pendant son séjour sur la frontière de l'Est, coïncidant avec l'entrevue que l'empereur Alexandre III, alors en Danemark, eut à Kiel avec l'empereur Guillaume II (entrevue de pure courtoisie, quoi qu'en ait dit la presse allemande), eut un grand retentissement dans toute l'Europe.

Elle produisit à Berlin une émotion profonde. Aucun journal n'osa nier son importance, et tous s'accordèrent à dire qu'elle était préparée de longue main, afin d'atténuer la portée de l'entrevue de Kiel. — Le *Tageblatt* écrivait : « Il est évident que le grand-duc Constantin a obéi aux injonctions du Tzar, afin d'atténuer l'effet de l'entrevue de Kiel. Au fond, la visite du Tzar à Kiel ne modifiera en rien la situation politique. » Le *Lokab-Anzeiger* ajoutait que la visite du grand-duc Constantin, faite par ordre du Tzar avant l'entrevue de Kiel, à quelques kilomètres de la frontière d'Alsace-Lorraine, avait eu pour but d'enlever toute signification à l'entrevue de Kiel. Le *Daily Telegraph* de Londres disait à son tour : « L'entrevue de Nancy enlève toute signification à celle de Kiel. »

stabilité gouvernementale donnés par la France, le Tzar demanderait à ses marins de rendre la visite de Cronstadt, et qu'il saisirait cette circonstance pour déclarer hautement à toute l'Europe qu'UN NOUVEAU LIEN allait s'ajouter A CEUX QUI UNISSAIENT DÉJA LES DEUX PEUPLES [1].

C'est sur ces entrefaites que la France fut appelée à élire de nouveaux représentants.

Ces élections attirèrent sur elle l'attention générale et, comme le remarqua judicieusement l'*Osservatore Romano*, l'organe officiel du Saint-Siège, ce fait, qui, en d'autres temps, eût passé inaperçu, « prit en cette circonstance les proportions d'un événement international de premier ordre [2] ». « Car, disait de son côté la *Norddeutsche Allgemeine Zeitung*, ces élections auraient pour résultat : ou bien de livrer comme autrefois la Chambre et le gouvernement français au radicalisme antireligieux et antiautoritaire [3], » ou bien de redonner au pays une politique d'unité nationale, de concorde et de paix, de déplacer le centre des alliances politiques de l'Europe, en le faisant passer de Berlin à Paris ou à Saint-Pétersbourg.

1. Télégramme de S. M. Alexandre III, empereur de Russie, à S. Exc. M. Carnot, président de la République française, du 28 octobre 1893.
2. Voir l'*Osservatore Romano* du 19 août 1893.
3. Voir la *Norddeutsche Allgemeine Zeitung* du 15 août 1893.

CHAPITRE IX.

L'insuffisance des moyens employés jusqu'à présent, en France, par les forces conservatrices, pour triompher aux élections, prouvée par le dernier scrutin.

Ce que l'Europe attendait des catholiques français au moment des dernières élections. — Ce que les catholiques ont fait pour remplir cette attente. — Quels moyens insuffisants ils ont employés pour triompher de l'organisme officiel, de l'armée socialiste, du mauvais vouloir de la presse dissidente et de l'indifférentisme des conservateurs. — Nombreuses défections des conservateurs, et mauvaise foi de ceux qui prétendent que, si le succès n'a pas été plus considérable, la faute en est à la politique du Souverain Pontife.

Il s'agissait donc, pour les conservateurs français, non seulement de défendre leurs droits et de reconquérir leurs libertés religieuses, mais encore d'arracher leur pays à l'isolement humiliant qu'il devait aux sectaires et de lui faire reprendre le rang qui lui appartient parmi les puissances européennes. Et, puisque Belges et Allemands luttant pour la religion avaient donné de si beaux exemples d'abnégation et de discipline, que ne devait-on pas attendre des catholiques français, qui combattaient à la fois pour la religion et pour la patrie?

Assurément on verrait se produire un de ces mouvements spontanés, généreux, magnifiques, irrésistibles, auxquels la France a accoutumé les autres nations. Espoir déçu, confiance trompée!

Un candidat aux dernières élections, ancien bâtonnier de l'ordre des avocats, M. François Descostes, qui a été des premiers à comprendre toute la portée de la politique inaugurée par Léon XIII et a lutté avec autant d'énergie que de talent pour la faire triompher, nous offre, dans une lettre[1] rendue publique, un tableau saisissant de la manière dont les forces conservatrices ont engagé la lutte dans sa circonscription (Chambéry-Sud) :

« La constitution du groupe nouveau, dont le général Borson avait pris l'initiative sur le terrain des instructions pontificales, était, dit-il, accueillie avec une faveur visible par la masse des esprits modérés.

« Nous avions formé un comité d'action ardent, vigoureux, presque entièrement composé d'hommes jeunes et non compromis par leur passé politique. Chacun de ses membres s'était chargé

---

1. Lettre à M. Boyer d'Agen, publiée par le *Figaro* du 2 septembre 1893.

d'un des sept cantons de la circonscription et s'acquittait de sa tâche avec une activité sans pareille.

« Nous avions fondé, pour la période électorale, un petit journal paraissant trois fois par semaine, le *Réveil de Savoie*, que dirigeait, avec infiniment de talent et de verve un jeune littérateur d'avenir, M. Henry Bordeaux, avec le concours de toute une pléiade d'autres jeunes.

« Notre programme se rapprochait de celui de M. de Vogüé : nettement républicain, mais non moins nettement libéral, il semblait dissiper toutes les équivoques.

« Je pouvais le soutenir, moi, avec d'autant plus de liberté d'allures, de sincérité, et j'ajouterai presque d'autorité, que je l'avais déjà tracé en 1885, énergiquement soutenu en 1889 et formulé définitivement à Grenoble en 1892, avant même les dernières instructions si explicites du Saint-Père.

« Nos réunions publiques (car du commencement à la fin nous n'avons eu que des réunions publiques) réussissaient à merveille ; j'ai pris personnellement la parole dans près de trente de ces réunions et, sauf dans deux, où quelques énergumènes avaient organisé de l'obstruction, nous étions acclamés par des auditoires très nombreux, enthousiastes souvent, sympathiques toujours. Dans certaines communes, on nous offrait des fleurs; des fillettes nous débitaient des compliments; on tirait les boîtes; nous étions reçus en triomphateurs... avant la lettre!

« Le candidat conservateur, mon excellent confrère et ami Fernex de Mongex, qui, avec une chevaleresque abnégation, s'est effacé devant moi, n'a pas hésité à me soutenir de tout son pouvoir.

« J'ajouterai que, dans le peuple, nous avons rencontré des dévouements admirables se traduisant par des traits d'une délicatesse touchante.

« Donc, les concours ne nous ont manqué ni en haut ni en bas. Nous avions apparemment le vent en poupe et de nombreux atouts dans les mains. Il n'y avait pas jusqu'à une opposition très suggestive et très piquante entre les programmes de nos adversaires opportunistes qui ne nous fût favorable : M. Perrier, dans la circonscription-sud, criait : « Sus aux ralliés! Il faut leur « fermer la porte. Il n'y a de vrais républicains « que les républicains du bloc! » — Et M. Jules Roche, dans la circonscription-nord, tenait, au contraire, non sans une certaine crânerie, le même langage qu'aux côtés de M. de Vogüé : — « Faisons bon accueil aux nouveaux venus! Il faut

« leur ouvrir la porte. La France a soif de tolé-
« rance et d'apaisement, et la République appar-
« tient à tout le monde. »

« C'est dans ces conditions que le candidat indépendant est battu, dans le sud, par le patron
du bloc qui passe haut la main en doublant sa
majorité de 1889, et que, dans le nord, le patron
de M. de Vogüé, l'apôtre du libéralisme et de la
réconciliation, n'arrive que très péniblement à
une quarantaine de voix de majorité, alors qu'il
en avait eu plus de 4,000 en 1889.

« N'est-ce pas pour dérouter tous les calculs de
probabilités et toutes les prévisions du bon sens? »

Que M. Descostes veuille bien nous permettre
de le féliciter chaudement de la grande activité
qu'il a déployée pour le triomphe d'une grande
cause. Toutefois, il nous permettra de ne pas
conclure avec lui que le résultat obtenu soit
« pour dérouter toutes les prévisions du bon
sens ». Nous avons dit plus haut quelle énergie
il a fallu aux catholiques belges et allemands
pour triompher de leurs adversaires; il y a loin,
ce nous semble, il y a beaucoup trop loin des
quelques efforts tentés par les catholiques de
France, à cette persévérance indomptable, à cette
infatigable activité.

Et pourtant, quels terribles ennemis l'on avait
à vaincre! D'abord l'organisme officiel, cette
pieuvre énorme qui enlace le pays de ses tenta-
cules et qui, pour parler comme M. Lefèvre-Pontalis, a « à son service, avec toutes les faveurs du
budget, l'irrésistible puissance de l'administration française dans toutes ses ramifications[1]. » organisme d'une action si puissante que, M. Des-

1. Voici d'ailleurs, dans son entier, le passage d'où nous
avons extrait les quelques mots que nous citons :

« Comment ne pas constater l'inégalité qui s'établit entre les
candidats, suivant que les uns ont à leur service, avec toutes les
faveurs du budget, l'irrésistible puissance de l'administration
française dans toutes ses ramifications? On s'en aperçoit peu
dans les grandes villes telles que Paris ou Lyon, et c'est ce qui
fait souvent illusion. Mais, quand il s'agit des circonscriptions
électorales d'arrondissement, c'est, comme au temps de l'Empire,
la manne budgétaire que les ministres distribuent à leurs acoly-
tes avec la répartition des subventions de toute sorte qu'ils ont
à leur disposition, l'ouverture des lignes de chemin de fer, la
création de bureau de poste. Sans doute, l'étiquette de candidat
officiel n'est plus donnée; mais tous les bénéfices de la candidature officielle n'en sont pas moins assurés. Il est vrai que, plus
d'une fois, le gouvernement se désintéresserait peut-être dans ses
préférences; mais c'est alors, à défaut du ministre, le préfet, à
défaut du préfet, le sous-préfet, ambitieux d'avancement; et à
défaut du sous-préfet, le Comité ou la loge maçonnique qui gra-
vite autour d'eux, dont la volonté toute-puissante s'impose aux
petits fonctionnaires, les intimide, les enrégimente et en fait une
véritable milice de janissaires.

« Au profit de qui cette police est-elle mobilisée et armée de
toutes pièces? Au profit de ceux qui détiennent le pouvoir, en
recueillent tous les bénéfices, n'en veulent abandonner aucune
parcelle, s'y cantonnent comme dans un patrimoine à exploiter

costes lui-même est obligé d'en convenir, « quelque activité, quelque dévouement, quelques efforts que puissent déployer un candidat indépendant et ses amis, c'est la lutte du pot de terre contre le pot de fer, c'est le triomphe assuré de l'assiette au beurre sur la liberté électorale ».

Il fallait compter encore avec l'armée socialiste qui, comme il arrive dans les mouvements par grandes masses, obéit à une discipline de fer. Dirigée, nous devrions dire commandée par des comités exécutifs qui désignent les candidats, exigent d'eux une obéissance passive, leur imposent un programme avec mandat impératif, les obligent à verser à la caisse commune une partie de leur indemnité parlementaire [1], et même à ne pas prendre la parole sans l'assentiment de leurs chefs [2], cette armée vote comme un seul homme,

usant de toutes les tracasseries et de toutes les persécutions pour quiconque encourt leur disgrâce, et ont rétabli, à la fin du dix-neuvième siècle, une féodalité d'un autre genre dont la France attend la délivrance. » (*Le Figaro* du 6 septembre 1893.)

1. Lors des dernières élections, M. Toussaint, ancien membre de la Commune et maintenant député de Paris, s'était engagé, avant le jour du scrutin, à verser 5,000 francs au Comité.

2. Un amusant récit du *Matin* nous dira avec quelle désinvolture autoritaire le Comité exécutif en use à l'égard du malheureux député qui lui doit son élection :

« Rencontrer le citoyen Faberot n'est pas chose facile. Après avoir parcouru tout le onzième arrondissement, nous nous rendons au siège de son Comité, 66, rue d'Angoulême.

6

au premier commandement de ses généraux. C'est même ce qui explique que le parti socialiste, peu

« Le citoyen élu n'est pas encore arrivé, mais on l'attend.

« Comme le citoyen Faberot tarde, le colloque suivant, auquel nous ne changeons pas une syllabe, s'engage :

« — Vous êtes journaliste, citoyen?

« — Oui, citoyen.

« — Vous venez interviewer le citoyen Faberot?

« — Mon Dieu, oui, si vous n'y voyez pas d'inconvénient.

« — Eh bien, je dois vous déclarer que vous ne ferez pas d'interview.

« — Allons donc! et pourquoi?

« — Le Comité s'y oppose.

« — ???

« — C'est comme ça; nous nous y opposons, vous entendez?

« — Je ne comprends pas très bien.

« — Je m'explique : le Comité exécutif a déclaré, à l'unanimité de ses membres, que le citoyen Faberot ne donnerait suite à aucune communication, de quelque nature qu'elle soit, sans avoir au préalable pris l'avis du Comité. Le citoyen Faberot appartient à son Comité, il lui doit compte de ses actes, et nous repoussons votre demande d'interview.

« Timidement, bien timidement, sur un ton de prière, nous supplions qu'on nous permette tout au moins de contempler les traits bourbonniens du représentant du onzième arrondissement. Le Comité, inflexible, va nous repousser avec son immuable énergie, quand survient le citoyen Faberot lui-même.

« Nous nous précipitons vers lui, nous allons lui dénoncer le despotisme de son Comité : il va parler, nous aurons notre interview.

« Pas du tout. Le citoyen Faberot regarde les membres de son Comité, il lit dans leurs yeux l'interdiction qu'ils ont prononcée, et, en mandataire docile, il répond :

« — Vous êtes journaliste, vous voulez m'interviewer. Je refuse, mon Comité s'y oppose, que sa volonté soit faite!....

« Sur cette précieuse réponse, que nous recueillons avec le soin qu'elle mérite, nous nous rendons à la troisième circons-

nombreux encore, ait obtenu, en proportion,
plus de succès que les radicaux.

Ce n'est pas tout encore : les forces conservatrices françaises avaient à combattre, dans leur
camp même, l'influence néfaste. « la conduite
« téméraire, indigne, l'audace de ceux qui, se
« recommandant du nom de catholiques et de
« leur attachement à la religion des ancêtres, se
« laissent emporter par l'esprit de parti, au point
« qu'ils n'hésitent pas à attaquer violemment,
« par des écrits injurieux, livrés à la publicité,
« les plus hauts dignitaires de l'Église, et n'é-
« pargnent pas même au Pontife suprême leurs
« critiques acerbes[1] : de ces journalistes qui, sen-

cription, à la recherche du citoyen Toussaint. Là, nous nous
heurtons à la même interdiction, au même mutisme. » (*Le Matin,* du 5 septembre 1893.)

1. Nous aurions garde de donner à nos lecteurs, même la
simple nomenclature des discours ou des articles auxquels le
Pape fait ici allusion. Nous nous bornerons à extraire d'un discours demeuré fameux quelques lignes particulièrement signifi-
catives, et à reproduire, entre mille autres, un article tiré d'un
journal fort répandu. Comme les personnalités nous sont odieu-
ses, nous nous abstiendrons de nommer et l'auteur de l'article et
l'auteur du discours :

« Enfin, vous avez subi un dernier assaut et le plus redoutable
de tous. Vous avez entendu une voix auguste, aux instructions
de laquelle vous étiez accoutumés à obéir sans la discuter, parce
qu'elle n'intervient point dans les dissensions des partis, vous
adjurer au nom des intérêts qui vous sont les plus chers, c'est-à-
dire des intérêts religieux, de donner désormais votre adhésion
loyale, sans arrière-pensée, à une forme de gouvernement qui,

« tant bien l'impossibilité de rien obtenir de la
« tactique qui est la leur, au profit de la cause

en France du moins, vous était apparue et vous apparaissait encore comme l'incarnation de l'irréligion et de la persécution.
Certes, l'épreuve était cruelle autant qu'inattendue. Car il n'y a
pire douleur pour des fils que de recevoir, de leur père, des conseils auxquels ils sentent qu'ils ne pourront se conformer.

« Je me demande même où vous avez puisé le courage nécessaire
pour y résister, car vous n'êtes pas plus que moi, j'imagine,
de grands théologiens, et vous seriez probablement aussi em-
barrassés que je pourrais l'être moi-même, s'il vous fallait dis-
serter sur la nature, l'étendue et les limites du pouvoir infaillible, du pouvoir absolu et du pouvoir indirect. Mais vous êtes
des esprits droits et simples, et c'est cette rectitude, cette sim-
plicité même d'esprit qui sont venues à votre aide. Aussi ne vous
êtes-vous pas troublés des anathèmes fulminés contre vous par
ces théologiens improvisés dans les bureaux des journaux républicains, qui vous somment d'obéir aveuglément à un pouvoir auquel eux-mêmes ne croient pas, et qu'ils se préoccupent d'autant
moins de compromettre par leurs exagérations qu'ils sont, en
réalité, acharnés à sa ruine. Vous avez compris que, si absolue
que doive être notre soumission en tout ce qui touche la foi et
les mœurs, si dociles que nous devions nous montrer à toutes
les instructions qui concernent la discipline et le gouvernement
de l'Église, il y a cependant un domaine inviolable et sa.. ..,
celui du citoyen, où se réfugie ce qu'il y a de plus intime et de
plus délicat dans l'âme humaine, c'est-à-dire l'honneur.

« Vous avez compris que le Saint-Siège ne saurait avoir entendu créer un péché nouveau, le péché de Monarchie, et qu'il
ne saurait dire à des Français qui conservent l'espoir de voir
leur pays revenir à la Monarchie par les voies légales : « Renon-
« cez à cet espoir et devenez à tout jamais les sujets fidèles de la
« République », pas plus qu'il ne songe à dire aux Alsaciens-
Lorrains qui conservent l'espoir de voir leur pays revenir un jour
à la France : « Renoncez à cet espoir et devenez à tout jamais
« les sujets fidèles de l'Allemagne »; car le droit et les argu-
ments seraient exactement les mêmes dans les deux cas. Vous

« politique qu'ils défendent, se trouvent suffi-
« samment récompensés de leur travail, s'ils
« peuvent retarder ou gêner par leur action les

avez compris cela, et vous avez persisté, non sans angoisse,
mais avec fermeté, dans votre résistance respectueuse et fi-
liale. » (25 septembre 1892.)

Nous ne voulons rien reprocher à celui qui a prononcé ces
paroles : qu'il nous suffise de dire qu'au vu de ses trop sug-
gestives insinuations, l'*Osservatore Romano*, organe officiel du
Saint-Siège, a prononcé le mot de « résurrection du gallica-
nisme ».

Voici maintenant l'article :

« Prisonnier du Pape.

« Pendant la législature prochaine au moins, il ne sera plus
question de supprimer l'ambassade du Vatican. Les Barodets
les plus bornés de la nouvelle Chambre, qui n'est pas une
Chambre nouvelle, ne viendront plus demander, dans chaque
discussion du budget, à quoi sert l'ambassadeur de la République auprès du Pape : ils doivent le savoir depuis le scrutin du
20 août.

« Si l'opposition conservatrice rentre affaiblie au Parlement,
c'est parce que les électeurs conservateurs ont été divisés. On a
troublé leur conscience et leur jugement; on en a réduit un
grand nombre à mettre en pratique le pitoyable proverbe :
« Dans le doute, abstiens-toi. »

« On leur a montré des choses étranges. On leur a présenté
des sectaires, des laïcisateurs, des anticléricaux notoires, qui
prétendaient avoir l'estampille de l'Église, puisqu'ils étaient
républicains et que l'Église officielle était ralliée. On leur a fait
voir comme réprouvés, presque excommuniés, parce qu'ils de-
meuraient fidèles à leur foi politique, des hommes qui avaient
combattu vaillamment toute leur vie pour la défense des intérêts religieux.

« Comment le suffrage universel n'aurait-il pas été décon-
certé par un tel spectacle?

« On a fait venir de Rome des lettres solennelles pour blâmer

6.

« résultats des efforts du Souverain Pontife, et
« paralyser ainsi les dispositions salutaires des
« esprits qui, fatigués par la lutte, inclinent
« vers la paix ; de ces écrivains qui, craignant

les Français « audacieux » qui prétendent régler les affaires temporelles de la France entre citoyens français.

« Et des hommes politiques de l'opposition même sont tombés
dans le piège.

« En 1889, ils étaient allés chercher le concours d'un extraordinaire général, d'un personnel hétéroclite, et l'avaient
imposé au reste du grand parti conservateur, malgré les révoltes
du bon sens et du sens moral.

« En 1893, ils ont subi l'inspiration de quelques vieux renards italiens du Sacré-Collège, dévoués à la Triple Alliance, et
résolus de travailler au maintien de la République en France,
pour obéir aux oracles de Bismarck.

« Il y a quatre ans, une foule de conservateurs sont restés
inactifs, parce que la combinaison boulangiste les dégoûtait.

« Cette année, une foule de conservateurs sont restés inactifs, parce qu'ils ne voyaient pas assez clair dans les machinations ultramontaines.

« En 1889, la République avait été sauvée des conséquences du
wilsonisme par l'intrusion du général Boulanger dans la politique conservatrice.

« En 1893, la République a été sauvée des conséquences du
panamisme par l'intrusion du Saint-Siège dans nos affaires nationales.

« Le roi Louis IX, qui n'était pas seulement un grand homme
et un grand roi, mais un grand chrétien, et qu'on appelle *saint
Louis*, permettait au pontife de Rome d'intervenir dans les affaires religieuses de la France, conformément aux décrets des
conciles et sous le contrôle du Parlement. Pour le reste, il
gouvernait lui-même son royaume.

« Il se disait roi de France par la grâce de Dieu.

« M. Carnot reste président de la République panamiste par
la grâce du Vatican. »

« que ce qui peut faire le salut de la France ne
« se réalise, préfèrent voir les enfants de la
« même famille en désaccord se séparer les uns
« des autres et prolonger des luttes fratricides,
« au grand détriment de la patrie et de la reli-
« gion[1]. » On avait contre soi les illusions semées
dans beaucoup de consciences par les insinuations perfides de cette presse qui, dénaturant les
intentions du Souverain Pontife, n'avait amené
que trop de lecteurs à mettre en pratique le pitoyable proverbe : « Dans le doute abstiens-toi. »

On avait contre soi l'égoïsme et l'indifférence
de ces nombreux « catholiques après tout » qui
n'ont pas eu le courage de remplir leurs devoirs
électoraux, parce qu'il eût fallu, pour cela, se
condamner à la fatigue d'un déplacement, faire
la dépense d'un voyage, quitter un jour la campagne, la plage, la ville d'eaux, où ils se reposaient d'avoir trop joui.

Ainsi donc, on savait que les adversaires étaient
nombreux, disciplinés, actifs, énergiques, infati-
gables; que, dans le camp conservateur, on trouverait, au contraire, peu de soldats dévoués, ro-
bustes, enthousiastes, et trop d'insoumis, de
révoltés, de semeurs de discordes; on proclamait

1. Léon XIII, *Lettre à S. Ém. le cardinal Lecot*, *archev. de
Bordeaux*, 3 août 1893.

bien haut que « sur le champ de bataille électoral pas plus qu'ailleurs, on n'improvise des
armées, et que, pour vaincre, il faut l'unité dans
le commandement, l'obéissance et la discipline
dans le rang, la science du métier et l'entraî-
nement chez les chefs et les soldats[1] »; on con-
fessait que « notre erreur à nous, conservateurs,
a toujours été de rester endormis jusqu'à la dernière heure, et de ne nous organiser que sous
le feu de l'ennemi[2], » et, en dépit de tout cela,
qu'a-t-on fait pour assurer le triomphe de la politique à longue portée du Saint-Siège, de « cette
politique à laquelle la France doit l'alliance
Franco-Russe, à laquelle nous devons déjà une
modération forcée dans les programmes de nos
adversaires, à laquelle nous devrons un jour la
réconciliation nationale, le triomphe de la liberté
et le respect des consciences et des intérêts religieux[3] ? » On a constitué, « quelques semaines
avant les élections, un comité d'action, on a
fondé un journal paraissant trois fois la semaine,
on a élaboré un programme nettement républicain et libéral qui dissipait toute équivoque, on
a pris la parole dans diverses réunions publi-

1. M. Descostes, article cité plus haut.
2. Ibid.
3. Ibid.

ques, et l'on a cru que ces moyens suffisaient !
Et l'on s'étonne d'avoir été « battus à plate cou-
ture[1], » et l'on juge que cette défaite est « pour
dérouter les prévisions du bon sens[2] ! »

Ah ! si, pour remporter la victoire, pour produire ces fortes poussées propres à atteindre le
but qu'on visait, il eût suffi d'employer des
moyens si faibles, on comprendrait difficilement la sollicitude du Souverain Pontife à prê-
cher l'union, et vraiment on plaindrait ces Allemands et ces Belges qui ont dû dépenser tant
d'efforts pour vaincre, alors que les Français
obtiennent des résultats a nalogues, sans qu'il
leur en coûte plus que n'exige la mise en train
d'une partie de chasse ou de plaisir.

Mais à quoi a-t-elle réellement abouti, cette action si superficielle de la dernière heure ?

1. M. Descostes, article cité plus haut.
2. M. Descostes, nous en sommes sûr, ne se méprendra pas
sur nos intentions. Nous ne saurions avoir pour lui d'autre sentiment que celui d'une estime qui va jusqu'à l'admiration et
si, pour appuyer notre thèse, nous faisons usage des données
qu'il nous fournit, si, pour rechercher les causes générales des
échecs subis par les forces conservatrices, nous étudions de préférence l'élection de Chambéry-Sud, c'est parce que, dans cette
circonscription, la campagne contre la candidature antireligieuse
fut menée avec une particulière vigueur. Il suffit donc d'expliquer un insuccès si regrettable, pour expliquer, par là même et
plus aisément encore, les autres insuccès des forces conservatrices, sans qu'il soit besoin de faire remonter au Pape, par des

A augmenter de TROIS MILLIONS le chiffre des abstentions constatées en 1889.

A quoi a-t-elle abouti encore?

Dans la deuxième circonscription de Pontivy, qui comptait 10,685 inscrits, on a vu un M. de Mun succomber pour 233 voix, tandis qu'il y eut 2,136 abstentions; à Saint-Gaudens, M. Piou échouait pour 856 voix de minorité, sur un nombre très fort d'abstentions. Les 18,027 électeurs de la deuxième circonscription de Chambéry-Sud donnaient au député du « bloc » 7,200 voix et M. Descostes restait en minorité de 2,400 suffrages : sans les 3,000 abstentions il l'eût emporté sur son adversaire. Dans le Nord, M. Barrois obtenait *vingt voix* de moins que son concurrent sur 18,000 votants, quoique la concentration entre républicains s'y fût opérée, grâce à un marchandage qui souleva l'indignation du *Temps,* de l'*Estafette* et de la *République française.* Les 6,500 abstentionistes du quartier Clignancourt de Paris ont laissé distancer l'abbé Garnier de 2,700 voix par un socialiste, etc., etc. Enfin, que l'on examine attentivement le résultat total des élections, et l'on verra combien il eût été

insinuations plus ou moins malveillantes, une responsabilité qu'il ne doit pas porter. Aussi bien, est-il plus commode d'incriminer le Souverain Pontife que de s'accuser soi-même.

facile à l'élément conservateur de remporter une brillante victoire, si, de longue main, une organisation sérieuse eût préparé la lutte, et si les électeurs amis de la religion et de l'ordre eussent eu plus à cœur de faire leur devoir. Les neuf dixièmes des échecs doivent être attribués, non pas à la vaillance et au nombre des adversaires, mais exclusivement à la défection honteuse d'un grand nombre de conservateurs et au manque d'organisation. Fait humiliant, fait déplorable, mais fait qu'on ne peut contester.

Et ce qui nous semble tout aussi déplorable, c'est qu'on rencontre encore des conservateurs qui, en face de ces trois millions d'abstentions osent imputer au Souverain Pontife et à sa politique la défaite des conservateurs. A leur avis, le Pape est intervenu mal à propos. Le Pape a jeté le trouble dans les consciences!

Malavisés et aveugles, ce qu'a fait le Pape, le voici : votre indolence et vos discordes avaient laissé monter au pouvoir des hommes sans croyances, des sectaires intolérants, qui persécutaient la religion qui est la vôtre; par son intervention, le Pape a apaisé ou du moins ralenti leurs persécutions. Vos divisions intestines avaient amoindri notablement le prestige de la France; par son intervention, le Pape a fait monter la

France au rang dont elle était déchue, et il vous a donné cette unité politique qui a été déjà, et qui promet d'être si féconde pour votre patrie. Et si vous avez aujourd'hui, en quelque sorte malgré vous-mêmes, une Chambre qui, pour n'être pas entièrement ce qu'on attendait, a su du moins s'imposer à l'attention de l'Europe et acheminer le pays vers l'apaisement tant désiré, à qui le devez-vous, sinon encore au Pape[1]? C'est grâce au nouvel état d'esprit créé par ses doctrines, c'est grâce à l'énergie qu'ont déployée les Piou, les de Mun, les Lamy, les Descostes, les David, les Garnier, et nombre d'autres hommes de valeur pénétrés de ses enseignements,

---

1. Au lendemain des élections, le *Temps* faisait les réflexions suivantes : « Les chiffres et les personnes ne sont rien, ou peu de chose, en cette affaire. Il faut voir surtout le gain politique et moral. Par l'attitude de l'Église et l'évolution des ralliés, la nature de la lutte électorale s'est trouvée, dans l'immense majorité des circonscriptions, totalement renouvelée. Elle ne s'est plus livrée sur le terrain religieux. On n'a plus entendu retentir le vieux cri de guerre : *Le cléricalisme, voilà l'ennemi!* On a combattu la réaction monarchique, les programmes socialistes, les menées boulangistes; mais on a laissé en paix, généralement, le clergé et la religion. On voit donc que la politique de Léon XIII, comme on aime à l'appeler, n'a pas été tout à fait sans action ni récompense. — Il est incontestable que, dans la politique républicaine comme dans le pays, une grande pacification s'est opérée. Là même où la paix n'est pas faite, l'animosité a disparu. Sans doute, on n'a rien sacrifié des lois militaire et scolaire; mais il est bien certain que personne ne demande qu'on en fasse des armes de combat, et que, chez les

que se sont formées en quelques jours ces minorités imposantes, qui ont fait triompher les candidats de la droite républicaine et les républicains modérés, dans maintes circonscriptions que vous aviez laissées s'inféoder au radicalisme ou au socialisme [1].

Sans doute, et nous le déplorons, le pays n'a pas

plus fanatiques de part et d'autre, la raison et l'équité ont gagné ce qu'ont perdu le fanatisme et la passion. (24 août 1893.)

1. « Le mouvement catholique, dit *l'Univers*, a pris à Paris un développement considérable. Les conservateurs pour de bon, ceux qui veulent la liberté de la religion, n'avaient dans la dernière Chambre qu'un député de Paris; ils en ont dans celle-ci trois, dont deux sont carrément constitutionnels; et il s'en est fallu de bien peu qu'ils en eussent cinq : M. Denys Cochin passe avec 500 voix de majorité, M. G. Berry a 1150 voix de plus que son adversaire, et M. Binder passe sans concurrent.

« Ces chiffres sont éloquents. Les suivants ne le sont pas moins.

« Si M. Deville n'est pas élu, il n'est distancé par l'opportuniste que de 210 voix sur 7,400 votants, et M. Lerolle ne manque que de 282 voix sur 11,600 votants pour être élu. Les abstentions, hélas! sont encore la cause qui nous a fait manquer ces deux victoires. Tous les appartements fermés de nos quartiers aristocratiques disent combien d'électeurs sont encore à la campagne. Si quelques centaines d'entre eux, sur des milliers, avaient daigné revenir des bains de mer pour voter, nous aurions cinq sièges gagnés à Paris.

« En province, le résultat n'est pas moins satisfaisant. M. Firino passe à Soissons avec 1,100 voix de majorité. MM. le vicomte d'Hugues, à Sisteron, de Wignacourt, à Mézières, Dumas, à Pamiers, G. Dufaure, à Saintes, de Grandmaison, à Saumur; Sonnery, à Villefranche-sur-Saône, Brice, à Nancy, avec 2,500 voix de majorité, Dussaussoy, à Boulogne-sur-Mer, et Gauthier, à Ruffec. A Hazebrouck, M. l'abbé Lemire a triomphé de l'oppor-

su se dégager résolûment d'une situation qui demeure confuse ; sans doute, les conservateurs n'ont pas été assez forts pour orienter vers la paix et la liberté la politique de la France, pour faire rapporter ou reléguer dans un oubli voulu ces lois de combat qui ont soulevé de si justes et si nombreuses récriminations ; mais peut-on sérieusement en attribuer la faute au Pape qui, depuis plus de trois ans, ne cesse de vous adjurer de vous unir comme un seul homme pour améliorer cette législation ? Non ! la faute en est à ceux qui n'ont pas suivi les conseils de Léon XIII, à ceux qui n'ont pas su donner à leur devoir et soustraire à leurs plaisirs une journée, une soirée, une heure, et qui peut-être désertaient le combat, le jour

tuniste avec une majorité de 1,100 voix. Ajoutons qu'un grand nombre de catholiques constitutionnels n'ont été battus, après une pression énorme, que de quelques voix.

« A Barcelonnette, M. Liotard, de la droite républicaine, est distancé par son adversaire de 80 voix à peine. A Tournon, il ne manque que 300 voix, sur 19,000, à M. de la Tourette, pour remporter la victoire. A Brest, sur 11,800 votants, M. de Coatpont aurait passé avec 70 voix de plus. A Saint-Claude et à Poligny, les deux constitutionnels catholiques suivent de près leurs concurrents opportunistes et radicaux, etc., etc.

« C'est un signe notable aussi, que cette minorité de 4,400 voix obtenues par M. l'abbé Garnier, dans un des quartiers de Paris, où, il y a peu de temps encore, un prêtre ne pouvait passer, sans exciter les colères, sans recevoir des outrages.

« Et nous ne parlons pas ici des nombreux républicains modérés élus. » (5 septembre 1893.)

même où le pays avait plus que jamais besoin de leur concours.

Joseph de Maistre, nous le répétons, ne pouvait comprendre qu'au milieu même de la Terreur, aucun cri de compassion ne fût parti du sein de la foule, sur le passage de la charrette qui portait Louis XVI à l'échafaud : « Français! s'écriait-il, ne parlez pas tant de votre courage, ou convenez que vous l'employez bien mal. » Que dirait-il de ces Français de maintenant, qui ne veulent pas se donner le mal d'aller aux urnes, alors que de leur vote dépendent, pour une part, la liberté ou l'asservissement de la religion, la grandeur ou la décadence de la patrie?

Français, Français, par votre coupable indolence, vous avez perdu une des plus belles occasions que la Providence ait jamais ménagées à un peuple, de se rendre digne des plus hautes destinées!

CHAPITRE X.

Combien il importe de s'organiser tout de suite pour se préparer aux nouvelles élections.

Les Français doivent apprendre, par leur propre expérience, à ne pas attendre la prochaine période électorale pour s'organiser. — Ils ne doivent pas négliger les élections partielles. — Tout homme de bonne volonté peut commencer de lui-même à travailler à cette œuvre de salut. — Utilité que l'on pourra retirer du plan d'organisation qui va suivre.

Ce n'est, certes, ni pour blesser les chefs, ni pour déconcerter les soldats, que nous avons soumis au jugement du lecteur les réflexions qui précèdent. Nous voulions seulement prouver que les amis de l'ordre auraient remporté un triomphe éclatant, s'ils avaient su se donner une organisation puissante; nous voulions montrer aux hommes de bonne foi que, dans le passé, on a fait peu, trop peu, pour la bonne cause, et qu'il faut à tout prix renoncer aux indécisions, aux indolences anciennes, qui, en paralysant les forces vives de la nation, ont si fâcheusement livré les catholiques au pouvoir de leurs adversaires.

Mais, enfin, tout est-il perdu?

Non, certes; Dieu a fait les nations guérissables. Et, pourvu que tous les hommes de bonne volonté se mettent généreusement à l'œuvre, il sera temps encore de profiter des leçons et de l'expérience que donne l'étude du passé. C'est l'heure des résolutions vigoureuses.

Au point où nous sommes arrivés, la grande majorité des forces conservatrices comprendra, nous en sommes sûr, que, pour imprimer aux événements la direction souhaitée, il est absolument nécessaire, vu l'extrême gravité des conjonctures présentes, de rompre avec les vieilles et déplorables habitudes d'inaction et d'effacement. En face de l'armée du mal si savamment constituée, si bien disciplinée, si persévérante à suivre le plan destructeur qu'elle s'est tracé, l'heure n'est plus aux beaux discours, aux proclamations, aux déclarations, aux programmes. C'est à l'action, c'est à une organisation sage, forte, énergique de toutes les forces vives de la nation qu'on doit recourir. Il faut, ainsi que le disait le comte Frank Russel, « constituer ce noyau de résistance et d'action, autour duquel viendront forcément se grouper les honnêtes gens égarés, comme à l'heure du danger les soldats se serrent instinctivement autour des vétérans habitués au feu[1] ».

Dès le mois de juillet 1891, à la suite du toast d'Alger, le modeste auteur de ces lignes avait l'honneur d'adresser aux évêques et aux hommes politiques de France une brochure dont on lui pardonnera de parler une fois encore; déjà il y disait :

« Beaucoup de personnes sont d'avis que l'Association ou l'Union catholique ne doit entrer vraiment en campagne qu'en 1893, lors des élections générales. Qu'on me permette de faire observer que cela serait une très grande faute.

« Est-ce que, lorsqu'on veut amener une armée au combat, on ne s'y prépare pas longtemps à l'avance, pour l'instruire, la discipliner, l'entraîner? Tous ces immenses budgets de la guerre, qui pèsent si lourdement sur les finances des nations, ne servent-ils pas, en grande partie, à tenir un certain nombre d'individus sous les armes, afin qu'ils soient toujours prêts à l'action? — Les grandes manœuvres de terre et de mer qui se font chaque année ne servent-elles pas à les

1. Appel lancé *Aux catholiques des Basses-Pyrénées*, en octobre 1892.

rompre à la vie militaire et à les habituer aux grands combats? — Il me semble que le même souci, qui préoccupe les généraux et les chefs d'armée, pour faire bien marcher la grande machine militaire, doit préoccuper les chefs de l'action catholique, au point de vue de l'accomplissement et de la bonne réussite de leur mandat.

« Si la cause principale des malheurs qui désolent aujourd'hui la France est que, depuis longtemps, dans presque toutes les élections, un trop grand nombre de catholiques, n'osant s'affirmer par une action publique, ont brillé par leur absence, comment veut-on qu'en 1893 les catholiques répondent tous avec unanimité à l'appel, si on ne s'applique pas à les organiser, dans chaque occasion qui se présentera? — Puis, combien la victoire sera plus facile, si on commence par regagner dès maintenant les sièges qu'on a perdus? — Se maintenir dans une place n'est-ce pas bien plus facile que de la prendre? — Gagner un siège aujourd'hui, un siège demain, de manière à se trouver, à l'époque des élections générales, à peu près de force égale avec les adversaires, ne serait-ce pas déjà un grand résultat? — Ne serait-ce pas déjà un grand encouragement pour les catholiques à répondre tous avec élan à l'appel? Certes, ils n'auront pas toujours la victoire; ils subiront des échecs; mais, s'ils savent se rendre compte des raisons pour lesquelles ils ont été battus, s'ils savent y remédier et s'ils persistent à soutenir le combat, au moment décisif, se trouvant déjà bien disciplinés et rompus à la lutte, et en face d'adversaires qu'ils connaissent, leur succès ne sera point douteux[1]. »

Ces quelques idées reçurent l'approbation des plus hautes autorités et des hommes politiques les plus compétents. Malheureusement, on ne suivit pas des conseils que tous reconnaissaient marqués au coin de l'opportunité et de l'expérience. Et les événements viennent de prouver combien nous étions dans le vrai.

En effet, dès que la voix de Léon XIII se fut fait entendre à la France, les catholiques et les hommes honnêtes et sensés auraient dû mettre en pratique ses salutaires enseignements et commencé de s'organiser. Nulle part, ils n'auraient, par une habitude de quinze ans, renoncé à présenter des listes et laissé le champ libre à leurs adversaires. Comprenant, en outre, que l'effacement est plus funeste que l'action, même suivie d'une défaite, et qu'il n'est pas interdit à une

1. J.-C. C., *l'Action catholique en France*, p. 72.

jeune armée, en attendant la grande bataille, de s'essayer dans de petits combats qui l'aguerrissent et la tiennent en haleine, les conservateurs auraient commencé à donner quelque signe de vie dans toutes les élections partielles qui se présentaient; et le 20 août comme le 3 septembre les auraient trouvés autrement aguerris. En resserrant leurs rangs, non pas sous le feu de l'ennemi, mais longtemps à l'avance, ils se seraient trouvés, au moment décisif, à la tête d'une armée préparée à l'attaque et à la défense. Les électeurs influents auraient marché avec plus d'entrain et d'ardeur, et, par leur exemple, ils auraient prévenu dans les rangs ces fluctuations, ces hésitations, qui ont été si désastreuses pour le bon succès de l'entreprise; les « masses, composées d'unités accessibles aux idées élevées et aux sentiments généreux, ne seraient pas devenues la proie facile d'agents hardis et sans scrupule, véritables *condottieri* électoraux, qui triturent une élection à la façon des maquignons sur un champ de foire, et qui, au dernier moment, sèment l'alarme finale, déterminent le courant et l'entraînent du côté du manche[1]. » Les 20 août et 3 septembre auraient trouvé les forces conservatrices prêtes à opposer à l'organisme officiel

1. Descostes, *article cité.*

7.

et aux bataillons socialistes des troupes suffisamment unies, préparées et armées. Un tel contrepoids aurait, non seulement rétabli l'équilibre, mais fait pencher la balance, et changé des succès partiels en victoire complète.

Que n'avons-nous à notre service l'éloquence d'un Démosthène ou d'un Cicéron ! Avec quelles instances persuasives, irrésistibles, nous conjurerions une fois encore tous les Français qui mettent les intérêts de la patrie au-dessus de tout autre intérêt, de ne pas attendre, pour agir, pour commencer de s'organiser, les mois de mars et d'avril 1898.

Non, non : il ne faut pas attendre; il importe, au contraire, il importe extrêmement de commencer dès demain, dès aujourd'hui même. Depuis septembre dernier, les forces conservatrices n'ont perdu que trop d'occasions d'affirmer leur existence devant le pays et d'améliorer la Chambre.

Espère-t-on qu'un mouvement se produise de lui-même, spontané, miraculeux, dû à nous ne savons quel enchantement? Ce serait se condamner aux « longs espoirs » du fabuliste.

Il y a mieux à faire.

Les bonnes volontés ne sont pas tellement rares en France, que, dans chaque ville, dans chaque

centre de quelque importance, on ne puisse rencontrer un homme décidé à aller de l'avant. Que
ce vaillant se mette tout de suite à l'œuvre, qu'il
fonde un Comité d'action ; après lui, et encoura-
gés par son exemple, d'autres fonderont à leur
tour des Comités semblables, dans les villes ou
bourgs voisins ; puis on coordonnera ces efforts
isolés, on leur donnera cette unité, cette cohésion qui, à notre époque plus que jamais, font la
vraie force des associations et des œuvres.

Quels sont les moyens les plus pratiques de
créer ces Comités locaux ? Comment grouper ensuite en une association générale ces associations
partielles ? C'est ce que nous voudrions dire maintenant. En d'autres termes, nous essaierons de
tracer ici un plan complet d'organisation des
forces conservatrices.

Et, qu'on nous permette de le dire à l'avance,
l'organisation dont nous prétendons donner une
esquisse, n'est pas une de celles déjà si nombreuses qui se contentent de recueillir, par leurs
comités, de platoniques adhésions, et qui croient
avoir sauvé le pays quand elles ont quelques
milliers de noms inscrits dans leurs registres.
Notre organisation nous paraît essentiellement
pratique : elle est de tous les jours, de toutes les
heures ; pour elle, le temps de la période élec-

torale doit être ce qu'est, pour le vigneron, le temps de la vendange; elle ne doit plus avoir alors qu'à recueillir, sauf à préparer dès le lendemain, par un labeur nouveau, la vendange prochaine.

En livrant au public ce petit travail, fruit de nos méditations et de nos recherches, nous espérons nous rendre utiles à ces hommes que leur conscience et leur bonne volonté poussent en avant, et que, seules, les difficultés de mise à exécution retiennent en arrière. Peut-être aussi serons-nous de quelque profit aux Comités déjà existants qui sentent le besoin de mettre plus de proportion entre l'intensité de leurs efforts et la grandeur du but qu'ils poursuivent.

DEUXIÈME PARTIE

PLAN GÉNÉRAL D'UNE ORGANISATION
DES FORCES CONSERVATRICES

CHAPITRE XI.

Grandes lignes de cette organisation.

Ce que Léon XIII souhaite des forces conservatrices françaises.
Grandes lignes du plan d'une organisation.

Quiconque a lu, avec le respect et l'attention qu'ils méritent, les Actes de Léon XIII concernant la France, sera frappé de l'idée maîtresse qui les a inspirés. Ce n'est ni un parti purement catholique ni une ligue exclusivement religieuse que le Souverain Pontife voudrait voir se former dans ce pays : c'est, qu'on nous passe la comparaison, un parti *tory anglais*, dans l'acception la plus vaste et la plus éclectique du mot, s'appropriant la largeur de conceptions et l'esprit sincèrement démocratique des catholiques américains.

« Nous voulons dire, écrit le Pape, que, tout

« en se tenant ferme dans l'affirmation des dog-
« mes et pur de tout compromis avec l'erreur,
« il est de la prudence chrétienne de ne pas re-
« pousser, disons mieux, de savoir se concilier,
« dans la poursuite du bien soit individuel, soit
« surtout social, le concours de tous les hommes
« honnêtes. La grande majorité des Français est
« catholique. Mais, parmi ceux-là même qui n'ont
« point ce bonheur, beaucoup conservent, malgré
« tout, un fonds de bon sens, une certaine recti-
« tude, qu'on peut appeler le sentiment d'une
« âme naturellement chrétienne. Or, ce senti-
« ment élevé leur donne, avec l'attrait du bien,
« l'aptitude à le réaliser et, plus d'une fois, ces
« dispositions intimes, ce concours généreux leur
« servent de préparation pour apprécier et pro-
« fesser la vérité chrétienne.

« Aussi, n'avons-nous pas négligé, dans nos
« derniers Actes [1], de demander à ces hommes leur

1. Dans l'Encyclique aux Français, Léon XIII disait : « Et au-
« jourd'hui encore, nous croyons opportun, nécessaire même,
« d'élever de nouveau la voix, pour exhorter plus instamment,
« nous ne dirons pas seulement les catholiques, mais tous les
« Français honnêtes et sensés, à repousser loin d'eux tout germe
« de dissentiments politiques, afin de consacrer uniquement
« leurs forces à la pacification de leur patrie. » (Encycl. *Au mi-*
lieu des sollicitudes, du 16 février 1892.)
Et, dans la lettre aux EE[mes] cardinaux français :
« Quoi? la France souffre, et nous n'aurions pas ressenti jus-

« coopération pour triompher de la persécution
« sectaire, désormais démasquée et sans frein,
« qui a conjuré la ruine religieuse et morale de
« la France. Quand tous, s'élevant au-dessus des
« partis, concentreront dans ce but leurs efforts,
« les honnêtes gens, avec leur sens juste et leur
« cœur droit, les croyants, avec les ressources de
« leur foi, les hommes d'expérience, avec leur
« sagesse, les jeunes gens, avec leur esprit d'ini-
« tiative, les familles de haute condition, avec
« leurs générosités et leurs saints exemples,
« alors le peuple finira par comprendre de quel
« côté sont ses vrais amis, et sur quelles bases
« durables doit reposer le bonheur dont il a
« soif; alors il s'ébranlera vers le bien, et, dès
« qu'il mettra dans la balance des choses sa
« volonté puissante, on verra la société, trans-
« formée, tenir à honneur de s'incliner d'elle-
« même devant Dieu, pour contribuer à un si
« beau et si patriotique spectacle[1]. »

« qu'au fond de l'âme les douleurs de cette fille aînée de l'É-
« glise! La France, qui s'est acquis le titre de nation *très chré-*
« *tienne* et n'entend pour rien l'abdiquer, se débat, au milieu
« des angoisses, contre la violence de ceux qui voudraient la dé-
« christianiser et la rabaisser en face de tous les peuples, et nous
« aurions omis de faire appel aux catholiques, à tous les Français
« honnêtes, pour conserver à leur patrie cette foi sainte qui en
« fit la grandeur dans l'histoire! A Dieu ne plaise! » (3 mai 1892.)

1. Lettre à Msr Fava, évêque de Grenoble. (22 juin 1892.)

Unir donc, dans une grande Ligue ou Association, tous les catholiques et les hommes honnêtes et sensés, afin de diriger vers le bien général, par une commune poussée, les efforts individuels, voilà le parti auquel il faut se rallier, sous peine de rapetisser, d'ailleurs sans profit, une entreprise grandiose, qui n'a de chances de succès qu'autant que son action sera exclusivement conservatrice et indépendante de tout parti politique ou exclusivement religieux.

Ce point de départ établi, on doit travailler à fonder, dans chaque ville ou bourg, un Comité qui, selon l'importance des lieux, prendra le nom de :

Comité local ou de sous-comité. — Les grandes villes, comme Paris, Lyon, Marseille, Bordeaux, Lille, etc., peuvent être subdivisées en arrondissements ou circonscriptions, ayant chacune un sous-comité. Nous parlerons de la formation, de l'organisation et de l'action de ces Comités aux pages 127 et suivantes.

Comités centraux des villes et comités cantonaux. — Les Comités locaux, aussi bien que les sous-comités, seront réunis entre eux par des Comités centraux des villes et des Comités cantonaux, composés des présidents des Comités et

sous-comités, et d'autres membres dont il sera
question aux pages 209 et suivantes, où nous
exposerons aussi les attributions de ces Comités.

COMITÉS DÉPARTEMENTAUX. — Dans chaque département, devra se créer un Comité départemental composé de tous les présidents des Comités centraux des villes et des Comités cantonaux
et d'autres membres dont il sera question plus bas.

Ces Comités devront faire, dans le département,
ce que le Grand Comité central de Paris fait pour
la France entière. — Se reporter aux pages 213
et suivantes où nous nous étendons longuement
sur les attributions et le rôle de ces Comités.

GRAND COMITÉ CENTRAL DE PARIS. — Les présidents des Comités départementaux et les autres
membres dont il est question à la page 129 formeront le Grand Comité central de Paris, où
se concentreront, sans toucher ni à l'autonomie
ni à la vie propre de chaque Comité central ou
départemental, tous les efforts des forces conservatrices. Ce sera, pour ainsi dire, le foyer de
l'action, le phare qui éclairera les Comités départementaux et locaux, le lien qui les reliera
entre eux.

Voilà, à notre humble avis, quelles devraient

être les grandes lignes de cette organisation. L'essai qu'on ont fait les populations catholiques qui nous ont précédés dans ces sortes de combats, en a consacré le mérite. Elles sont conformes, ce nous semble, aux vues du Saint-Siège et aux exigences d'une époque qui tend à centraliser partout les efforts des masses, et elles constitueraient le meilleur des moyens pour diriger, avec un merveilleux ensemble et une grande facilité, toutes les forces qui sont au service de la religion et de l'ordre; car, qu'on y réfléchisse sérieusement, si chacun veut agir selon son bon plaisir, s'il plaît à chacun de prodiguer les déclarations, les manifestes, les professions de foi, sauf à ne prodiguer que cela, si, à toutes les tentatives qui se produisent çà et là, on ne donne pas l'unité de vue, d'action, de direction, et une cohésion solide, les malentendus ne feront que se multiplier, et nous serons de plus en plus impuissants, en face de la discipline et de la formidable organisation de nos ennemis.

Et maintenant, qu'on nous permette de parler en détail de chacun de ces Comités.

CHAPITRE XII.

Comités locaux.

I. — FORMATION DES COMITÉS.

1. *Recrutement des membres du Comité.* — Règles générales à suivre pour former un Comité. — Quels secours les Comités peuvent attendre des femmes. — Rôle que la femme anglaise joue dans les élections.
2. *Membres honoraires.* — Nécessité pour les Comités d'avoir des membres honoraires; rôle de ces membres.
3. *Dames patronnesses.* — Quel concours elles peuvent donner aux Comités; leur rôle.
4. *Recrutement des membres de la Ligue ou Association.* — L'enrôlement des hommes de bonne volonté n'est pas difficile. — Les sociétés catholiques, scientifiques, littéraires, ouvrières, etc., rendent cette tâche encore plus aisée. — Ce que doivent faire à ce sujet les Comités.

II. — ORGANISATION ET ACTION DES COMITÉS.

Bureau de direction. — Sections ou bureaux de travail.

1. *Section ou Bureau de revision des listes électorales.* — Nécessité, fonctionnement de ce bureau.
2. *Section ou Bureau des délégués des rues.* — Mission délicate et importante des délégués des rues. — Quels hommes il faut choisir pour cette mission.
3. *Section ou Bureau des œuvres chrétiennes et ouvrières* — Pour exercer une influence sur le pays, les forces conservatrices doivent s'occuper des intérêts de la population. — Exemple que leur donnent les catholiques belges et allemands et les socialistes. — Concours efficace qu'on trouvera dans les œuvres. — Rôle que doivent jouer les bureaux des œuvres dans les Comités. — Pour obtenir de bons résultats politiques, les forces conservatrices doivent prévenir les socialistes, en

créant partout des œuvres d'intérêt social. — Syndicats. — Syndicats agricoles. — Syndicats industriels et ouvriers. — Sociétés coopératives. — Sociétés coopératives de production. — Sociétés coopératives de consommation. — Patronages d'hommes. — Banques populaires. — Efficacité de ces œuvres sur le terrain politique.

4. *Section ou Bureau de la bonne presse.* — Influence du journal. — Ce que pensent de la presse les évêques français, suisses, américains. — Ce qu'en pense le Souverain Pontife. — Rôle de la présente section.

5. *Section ou Bureau du Secrétariat pour tous.* — Ce que doit être un Comité dans notre organisation. — Il doit être le centre de l'action, le rendez-vous de toutes les bonnes volontés, et il doit se faire tout à tous. — Rôle important que doit jouer la section présente. — Résultats efficaces qu'elle peut donner au moment des élections.

III. — AUTRE GENRE D'ACTION QUE DOIVENT EXERCER LES COMITÉS.

Action collective et individuelle que les Comités doivent exercer.

1. *Devoir électoral.* — L'indifférentisme électoral. — Combien il est funeste à la religion et à la société. — Projets de loi tendant à rendre le vote obligatoire. — Les classes dirigeantes sont les premières à donner le mauvais exemple. — Les Comités doivent faire comprendre aux électeurs chrétiens qu'ils sont obligés en conscience de voter et de bien voter. — Ce que Léon XIII et l'épiscopat français enseignent sur ce sujet. — La question des catéchismes électoraux.

2. *Élections municipales.* — Quel tort on a de ne pas s'occuper assez des élections municipales. — Combien il est regrettable que les élections municipales soient devenues une affaire politique. — Ces élections doivent être replacées sur le terrain communal. — Quels hommes on doit choisir pour faire partie de ces assemblées. — Conseils d'arrondissement. — Conseils généraux.

IV. — RÔLE DU CLERGÉ DANS LES COMITÉS.

Beau rôle que pourraient jouer l'épiscopat et le clergé dans le mouvement conservateur, en s'inspirant des sentiments de Léon XIII. — L'action électorale doit être laissée plus particulièrement à l'élément laïque. — Quelle doit être l'action du clergé à l'époque des élections. — Ce que fait en temps d'élections le clergé belge. — Ce que fait, dans les mêmes circonstances, le clergé allemand.

I. — FORMATION DES COMITÉS.

1. *Recrutement des membres du Comité.* — Il n'y a pas une ville en France qui ne possède ou n'ait possédé un Comité quelconque. Insister sur la manière d'opérer pour la formation d'un Comité ou pour le recrutement de ses membres ne serait donc pas nécessaire. Néanmoins, comme ce livre peut tomber entre les mains d'hommes d'action qui n'auraient pas une connaissance suffisante du sujet, ou même entrer dans la bibliothèque de quelque Comité, victime jusqu'ici d'une organisation défectueuse, nous nous hasarderons à glisser ici quelques mots à ce sujet.

Maintenant que les divergences puériles qui divisaient les citoyens d'une même patrie en plusieurs partis politiques ont presque partout disparu, la tâche devient beaucoup plus facile.

S'inspirant de la pensée de Léon XIII, tout homme d'action doit s'efforcer de fonder un Comité ou donner un essor plus puissant à un Comité déjà fondé. Dans ce but, il doit rechercher, en dehors de toute préoccupation politique, quelles sont, parmi les personnes qui habitent la même ville ou le même quartier, celles dont la réputation est sans tache, et auxquelles leur position dans la société, dans le commerce et l'industrie, assure une influence la plus considérable.

Il en choisira huit, dix, vingt, selon l'importance du lieu, et les engagera, soit personnellement, soit par des intermédiaires, à faire partie du Comité. Si, pour une cause quelconque, la démarche faite reste infructueuse, il ne devra pas se tenir pour battu, mais recourir aux moyens extrêmes : il enverra, par exemple, sa femme, sa mère, sa sœur, chez la femme, la mère, la sœur de l'homme qu'il veut gagner, chez cet homme même, en dernier ressort.

Les femmes, en effet, ont souvent triomphé de difficultés qu'on aurait crues insurmontables. Un remarquable article de M. Lefèvre-Pontalis nous a dit avec beaucoup d'humour quel rôle important les femmes jouent dans les élections anglaises : « C'est, observe le brillant écrivain, c'est dans les femmes, surtout dans celles de la haute société, qu'on trouve les meilleurs auxiliaires. Elles se présentent partout et surtout chez les adversaires; leur intervention est si redoutée, que certains candidats s'en effraient et la dénoncent comme le plus dangereux moyen de séduction [1]. »

On dira que la France n'est pas l'Angleterre. Et

1. Lefèvre-Pontalis, *les Élections anglaises.* Voir le *Figaro* du 17 juillet 1892.

on aura raison; mais nous ne voulons pas non plus qu'en France comme en Angleterre les femmes, le jour du scrutin venu, montent en voiture avec leurs enfants, à côté de leurs maris candidats, qui vont encourager leurs partisans, soit dans les comités, soit à la porte du bureau de vote, sans que la vaillance de ces femmes soit jamais effrayée par aucune manifestation[1].

Encore une fois, nous ne pensons pas à pousser les choses jusque-là. Mais émettons une hypothèse : Vous voulez fonder un Comité dans un quartier où se trouve un grand magasin comme le *Louvre*, le *Bon-Marché*, le *Printemps*; une de ces importantes usines ou fabriques, un de ces établissements industriels au service des Compagnies de chemin de fer, Omnibus, etc., qui font vivre des centaines, des milliers d'hommes. Pour asseoir plus solidement votre Comité, vous désirez y voir figurer le directeur, l'administrateur de l'usine, du magasin, de l'établissement en question[2]; si ce personnage, se retranchant derrière un ou plusieurs prétextes, a résisté à

1. Lefèvre-Pontalis, *les Élections anglaises.*
2. Nous citons le nom de ces magasins, de ces compagnies, à titre d'exemple et pour mieux faire comprendre notre pensée. Mais là ne doit pas se borner l'œuvre de la femme, on le comprendra en lisant ce que nous dirons tout à l'heure au sujet des Dames Patronnesses.

vos démarches et à celles de vos amis, quelle difficulté voyez-vous à ce que votre femme, votre mère, votre sœur, une dame influente de la haute société ou du monde politique, se rendent auprès de la femme, de la mère, de la sœur de ce haut personnage et lui fassent visite à lui-même, pour le décider à ne pas refuser son concours à votre œuvre? L'histoire sainte, l'histoire de l'Église, l'histoire de la France, ne nous fournissent-elles pas cent exemples d'un rôle important joué par les femmes?

On veut, on doit arriver; dès lors il faut avoir recours à tous les moyens que ne réprouvent ni l'honneur ni la conscience.

Il est inutile de faire remarquer que la méthode que nous indiquons ici pour former un Comité ne doit être suivie que dans les villes où les forces conservatrices ne sont pas organisées, car, s'il existe une organisation des forces conservatrices, les membres du Comité doivent être nommés par une assemblée de tous ceux du quartier qui font partie de l'Association.

2. *Membres honoraires.* — Comme, pour cette grande œuvre de renouvellement politique et social de la France, il faut le concours de toutes les bonnes volontés; comme ceux qui paient

de leur personne seraient bien vite arrêtés dans leur besogne, s'ils n'étaient aidés et soutenus par ceux qui paient *de leur bourse*, il est indispensable qu'à côté de chaque Comité local, départemental, ou du Grand Comité central de Paris, il y ait un Comité local, départemental, central de *membres honoraires* qui, empêchés, pour une raison ou pour une autre, de faire partie de l'armée active, se chargent de fournir généreusement à ses besoins.

3. *Dames Patronnesses*. — Il est, de même, nécessaire qu'auprès de chacun de ces Comités il y ait un Comité de Dames Patronnesses. Elles donneront à l'œuvre un concours très puissant, en lui procurant des fonds, en lui gagnant le concours d'autres membres actifs influents ou de nouveaux membres honoraires, en poussant les membres récalcitrants à voter et en beaucoup d'autres circonstances qu'il serait trop long d'énumérer; et, nous l'avons dit, personne n'est capable de réussir comme elles en ces sortes d'affaires.

Les femmes, en effet, représentent un contingent de forces très important et qu'il ne faut point dédaigner. Si on s'employait à leur donner une organisation, à attirer à l'œuvre non seulement le concours de celles de la haute société,

mais des autres encore, peut-être verrions-nous,
plus tôt qu'on ne le pense, la face de la France
changée.

**4. *Recrutement des membres de la Ligue ou As-
sociation*.** — Lorsqu'on a ainsi formé un Comité
dont les membres s'imposent à la confiance publique, l'enrôlement des hommes de bonne volonté à l'Association ou Ligue n'est pas aussi difficile qu'on pourrait le croire tout d'abord. Dans
les grandes villes, on a devant soi d'un côté les
sociétés catholiques : sociétés de Saint-Vincent de
Paul, cercles de jeunes gens, cercles ouvriers,
syndicats, tiers ordres, sociétés de secours mutuels,
etc., etc. ; de l'autre, les nombreuses sociétés hu-
manitaires, scientifiques, artistiques, littéraires,
industrielles, ouvrières, philantropiques ; dans
les campagnes, on rencontre les sociétés agricoles,
coopératives, de travail, etc.

Que faut-il dès lors? Qu'un membre du comité,
homme d'action qu'aucune noble initiative n'ef-
fraie, s'adresse à ces amis tout trouvés, non pas
en séance de la conférence, du syndicat, etc.,
mais à domicile, et là, qu'il s'efforce de faire
comprendre à chacun qu'au dévouement à ces
œuvres utiles il faut joindre l'action commune ;
que les œuvres partielles peuvent retarder quelque temps le naufrage de la France, mais que,

seule, l'union de tous les hommes de bonne volonté peut le conjurer, en imprimant à la patrie cette marche en avant, franche, résolue, hardie, absolument nécessaire pour éviter d'immenses catastrophes.

On peut, et même on doit chercher à pénétrer dans ces grands magasins, dans ces vastes établissements industriels dont nous parlions tout à l'heure. Là où n'existe aucun groupement, les amitiés, les relations de famille, les influences suppléeront dans la mesure du nécessaire.

Peut-être que bien des gens ne se rendront pas tout de suite; mais, si l'on sait choisir le moment pour revenir à l'assaut, si l'on sait profiter des occasions, on finira par triompher des volontés les plus rebelles : *gutta cavat lapidem*.

Enfin, lorsqu'à cette action individuelle viendra s'ajouter l'action des Comités qui ne sauraient manquer de développer notablement l'éducation politique du peuple, lorsque les orateurs qui font maintenant défaut seront nombreux, que leur parole popularisera les doctrines en leur donnant l'aspect pratique qui les rend compréhensibles aux masses, alors les masses répondront à ces invitations; elles seront entraînées par l'exemple, et on verra toutes les bonnes volontés se serrer autour des Comités, comme, au

moment de la bataille, les soldats autour de l'é-
tat-major.

II. — Organisation et action des comités.

Chaque Comité doit avoir à sa tète un bureau
de direction composé d'un président, de deux
vice-présidents, d'un ou de plusieurs secrétaires,
d'un trésorier, tous choisis parmi les membres
les plus actifs et les plus respectables. A ces membres qui composent ordinairement tous les bureaux, il serait bon d'en ajouter quelques autres,
choisis, eux aussi, parmi les plus actifs et les plus
influents, pour aider le président et donner une
impulsion plus énergique à l'œuvre.

Certains s'imaginent qu'il suffit de donner son
nom et de former un Comité plus ou moins
nombreux pour avoir de bonnes élections. Quelle
erreur! Pour avoir de bonnes élections, il faut de
bons électeurs; et, pour avoir de bons électeurs,
il faut agir sur la masse du peuple par un travail
assidu et constant. Il faut, pour le dire avec un
des membres les plus zélés du clergé de notre
époque, M. l'abbé Garnier, travailler les âmes
chacune séparément, comme les maçons travaillent chaque pierre avant de la placer dans le
mur, puis, les enrégimenter et les discipliner; ce

qui démande, non pas quelques semaines, mais des mois, et même des années.

Il sera bien difficile qu'un Comité fasse œuvre utile et efficace, si chacun de ses membres n'a pas une fonction nettement déterminée; si, en d'autres termes, ses adhérents ne se répartissent pas en sections de travail ou bureaux.

Ces sections peuvent être en plus ou moins grand nombre, selon les circonstances et selon le nombre d'habitants du lieu. Certaines toutefois sont d'une importance telle, qu'elles devraient exister dans tous les Comités. Ce sont :

La section ou bureau de Revision des listes électorales.
   —   —   des Délégués des rues.
   —   —   des Œuvres chrétiennes et ouvrières.
   —   —   de la Bonne Presse.
   —   —   du Secrétariat pour tous.

Dans les villes dont la population est assez nombreuse et dans les grandes villes, ces sections ou bureaux peuvent être composés de trois, quatre, cinq membres, selon le besoin; dans les pays d'une importance secondaire, où il ne serait pas possible de former un bureau complet, un membre du comité se chargera à lui seul du travail.

Si l'on croit qu'à ces sections principales il soit utile de joindre d'autres sections, on nommera une commission de trois membres au plus qui sera chargée d'étudier la question et de faire un rapport, sur lequel le Comité statuera.

1. — Section ou Bureau de Revision des listes électorales.

Parmi les faits douloureux dont la constatation a été faite au dernier scrutin, « il en est un, disait un journal fort répandu, qui s'impose à l'attention de tous les électeurs indépendants : c'est la nécessité de contrôler annuellement la confection des listes électorales, d'en surveiller le mouvement et de poursuivre devant les autorités compétentes, commission municipale et juges de paix, les rectifications utiles.

« En principe, chaque électeur a le devoir de surveiller lui-même son inscription et son maintien sur la liste. En pratique, combien le font? Très peu. On a déjà voté l'année precédente. On se dit qu'on votera bien encore, qu'on n'a pas pu vous rayer, et l'on s'en va gaillardement chercher, la veille du scrutin, une carte d'électeur qu'on vous refuse non moins gaillardement, en vous disant que vous ne figurez pas sur la liste électorale.

« Que de fois n'a-t-on pas entendu dans les mairies, dans des bureaux de journaux conservateurs :

« Monsieur, c'est une infamie. Je suis né dans

cette ville, je m'y suis marié, j'y ai élevé mes enfants. Et l'on m'a rayé. Et je ne puis pas voter. Je le répète, c'est une infamie.

« Et oui! c'est une infamie, et une de ces infamies qui n'arrivent que trop souvent. La moindre similitude de noms peut servir de prétexte à une radiation ou à un changement de domicile électoral; un acte de décès adroitement manié peut servir quatre ou cinq fois, et arriver ainsi à dépeupler une liste électorale des électeurs soupçonnés d'opposition ou même d'indépendance. Une *erreur* des employés, vous répondrat-on. C'est bien! mais de ces erreurs, il s'en produit des milliers et des milliers chaque année. Et par un de ces hasards que l'on ne s'expliquerait guère, si on ne se les expliquait trop, elles tombent toujours sur des conservateurs.

« C'est aux Comités qu'il appartient de surveiller rigoureusement cette revision des listes électorales. Seuls, ils ont l'autorité pour cela; seuls, ils ont les ressources suffisantes[1]. » D'où l'impérieuse nécessité pour chaque Comité d'avoir un bureau de revision des listes électorales.

Ce bureau sera composé de trois, quatre, cinq personnes, dont l'une aura le titre de chef tout

---

1. *Bordeaux-Journal* du 3 juin 1892 et du 19 janvier 1893.

en demeurant elle-même sous la direction d'un membre du Comité, qui sera, s'il est possible, un jeune avocat à même de répondre à toutes les difficultés et de suivre, en cas de besoin, les procédures diverses devant les tribunaux.

Ce bureau doit être pourvu d'un casier exact de tous les électeurs de la circonscription, conservateurs et adversaires. On doit y noter, au fur et à mesure, tous les changements qui se produisent. Le président et chacun des membres du Comité doivent indiquer au bureau de revision le nom de ceux qu'ils croient devoir être inscrits ou rayés. Le bureau doit enregistrer scrupuleusement tous les déménagements ou emménagements qui se produisent dans le quartier ou dans la commune, pour prendre note des habitants qui disparaissent et de ceux qui arrivent; et, si ceux-ci sont des conservateurs, veiller à ce qu'ils se fassent inscrire dans les premiers trois mois de leur nouvelle installation.

Aussitôt que le tableau rectifié des listes électorales est publié et mis à la disposition des électeurs, le bureau doit s'en procurer un ou plusieurs exemplaires ou le faire copier, et l'éplucher avec soin, afin que les réclamations concernant soit l'inscription, soit la radiation de tels ou tels électeurs, soient fournies en temps utile.

Il faut examiner attentivement si on n'a pas
« oublié » de rayer quelques morts ou quelques
électeurs ayant changé de domicile; souvent ces
disparus reparaissent à l'heure propice, et pour
une fois au moins, *les absents n'ont pas tort*. Il
faut aussi réclamer à la mairie, qui est tenue de
le donner, un récépissé pour chaque réclamation
ou démarche faite. En outre, le bureau se chargera d'introduire et de poursuivre, devant les
juridictions compétentes, les procédures auxquelles pourront donner lieu les passe-droit commis et les réclamations à leur opposer.

En usant de ces droits que la loi confère à tout
électeur, les Comités réussiront à faire respecter
les listes électorales et à les rendre aussi sincères
que possible. On ne saurait croire combien ce
travail facilitera la victoire aux forces conservatrices.

Si, parmi les membres du Comité, il n'y a
personne en situation de se livrer à ce minutieux travail qui demande beaucoup de temps
et de patience, le Comité le fera faire par des employés à ses gages; mais il devra choisir des personnes de toute confiance, qui seront sous la
surveillance et la direction d'un membre du Comité.

2. — Section ou Bureau des Délégués des rues.

La puissance de notre organisation dépendra
surtout de la connaissance plus ou moins parfaite
des éléments divers sur lesquels les Comités
doivent opérer; car c'est cette connaissance qui
fournira la base de presque toutes leurs opérations.

Et voilà ce qui donne au bureau des délégués
des rues, dans les villes surtout et plus encore
dans les grandes villes, une importance capitale.
A ces délégués, en effet, incombe la charge de
renseigner le Comité sur l'opinion politique de
tous les électeurs placés dans leur rayon d'action;
par eux, la Ligue peut compter le nombre de ses
amis, celui de ses adversaires et celui des indifférents. Ils cherchent en outre et signalent les
dévouements obscurs, les activités inconnues que
l'on pourrait employer au profit de la cause. Il
y a, par exemple, dans le personnel dirigeant
des maisons de travail, ateliers, magasins, etc.,
nombre d'hommes qui rendraient les plus grands
services, si le Comité les découvrait et mettait en
leurs mains les moyens nécessaires. Aux délégués des rues de les attirer ou, tout au moins,
de les faire connaître à qui de droit. Il y a aussi
une foule de patrons de petits ateliers, de modes-

les maisons de commerce, animés des meilleures intentions, qui, tirés de leur isolement et aidés dans leurs affaires par telle ou telle association, prospéreraient et contribueraient ensuite au succès de maintes œuvres excellentes, grossissant ainsi l'armée du bien. Ici encore les délégués des rues doivent intervenir et procurer au Comité ces concours estimables.

On voit par là quels services cette section peut rendre aux bureaux de la revision des listes électorales, de la bonne presse et des œuvres chrétiennes et ouvrières.

L'essentiel est de bien choisir les hommes auxquels on confie une mission si délicate. Il s'agit de rencontrer des sujets sûrs, prudents, connaissant de longue date le quartier sur lequel ils auront à opérer, et joignant au *goût du métier* l'intelligence et le flair nécessaires.

Nous ne croyons pas devoir nous étendre davantage sur les attributions de ces délégués et sur la méthode qu'ils auront à suivre pour bien remplir leur rôle; ce serait vouloir restreindre tyranniquement leur liberté d'allure et entraver l'action des Comités.

3. — Section ou Bureau des Œuvres chrétiennes et ouvrières.

« Ce n'est qu'en s'occupant des intérêts des populations, disait avec beaucoup d'à-propos M. de
la Guillonnière au congrès de Bordeaux, que les
conservateurs arriveront à exercer une influence
dans les affaires du pays. »

Les catholiques de Belgique, d'Allemagne et
d'ailleurs ont pensé de même et, depuis plusieurs
années, ils agissent en conséquence, on sait avec
quel succès. De leur côté, les socialistes n'ont pas
compris autrement la situation, et, pour attirer
sûrement à eux la classe ouvrière, ils insinuent
leurs principes subversifs sous le couvert de réformes à opérer au profit des humbles. Pour créer
des embarras aux gouvernements, ils brandissent
à tout propos leur arme favorite : ce moyen leur
réussit à propager leurs idées, à se rendre plus
populaires auprès de ceux qui souffrent, et plus
redoutables aux classes dirigeantes.

En présence de la sollicitude dont ces redoutables utopistes veulent paraître animés, quels résultats effectifs les conservateurs auront-ils le
droit d'attendre, s'ils négligent les intérêts des
masses nécessiteuses, s'ils oublient le malheureux
qui ne peut demander qu'à un labeur sans cesse

renouvelé le pain de chaque jour, et qu'à chaque heure mille accidents menacent du chômage et de la misère?

Si donc les hommes d'ordre veulent acquérir dans le milieu populaire une réelle influence, il faut qu'ils se mettent à la tête du mouvement démocratique, qu'ils prennent en main les revendications des classes laborieuses, tant dans les centres industriels et ouvriers que parmi les populations agricoles. Il faut surtout, est-il nécessaire de le dire à des catholiques? il faut qu'ils cherchent à moraliser l'ouvrier, à le rendre chrétien, en même temps qu'ils s'efforceront d'améliorer sa situation matérielle. Car, ainsi que le remarque Mgr de Ketteler avec d'autres illustres écrivains, qui pourtant n'ont de catholique que leur baptême, si même ils ont reçu ce caractère sacré : « Le Christianisme seul possède le moyen infaillible d'améliorer la condition des classes ouvrières; sans lui, cette condition empirera de jour en jour, malgré toutes les tentatives d'y remédier, et bientôt elle sera à peu de chose près ce qu'elle était dans la société païenne [1]. »

1. « La réforme sociale, disait excellemment M. A. Leroy-Beaulieu, ne peut s'accomplir que par la réforme morale. En ce sens, Tolstoï et les mystiques disaient vrai, pour relever la vie du peuple, il faut d'abord relever son âme. C'est par le dedans, plutôt que par le dehors, que doivent commencer les réforma-

Chose étrange! Que l'on vienne à parler de l'absolue nécessité où l'on est de *rechristianiser*

teurs. Pour réformer la société, il faut réformer l'ouvrier et réformer le patron, leur rendre à l'un et à l'autre ce qui leur manque presque également, l'esprit chrétien. » (*La Papauté, le Socialisme et la Démocratie.* Paris, Calman Lévy, 1892.)

« La force légale, faisait observer non moins sagement le juif Isaac Pereire, ne saurait suppléer la force morale. La loi punit le mal, elle ne crée pas le bien. La loi, la science, l'industrie, sont impuissantes; il faut que la religion dénoue le drame social, qui, sans elle, ne se dénouera que par la force. » (*La Question religieuse.* Paris, Motteroz, 1878.)

Dans son admirable Encyclique *Rerum Novarum*, Léon XIII a tenu à nous rappeler les raisons qui font du christianisme le principal, sinon l'unique moyen, pour résoudre la question ouvrière. Voici ses paroles :

« Pour dirimer ce conflit et couper le mal dans sa racine, les
« institutions chrétiennes possèdent une vertu admirable et mul-
« tiple. — Et d'abord toute l'économie des vérités religieuses,
« dont l'Église est la gardienne et l'interprète, est de nature à
« rapprocher et à réconcilier les riches et les pauvres, en rap-
« pelant aux deux classes leurs devoirs mutuels, et avant tous
« les autres, ceux qui dérivent de la justice. Parmi ces devoirs,
« voici ceux qui regardent le pauvre et l'ouvrier : il doit fournir
« intégralement et fidèlement tout le travail auquel il s'est en-
« gagé par contrat libre et conforme à l'équité; il ne doit point
« léser son patron, ni dans ses biens, ni dans sa personne; ses
« revendications mêmes doivent être exemptes de violences et
« ne jamais revêtir la forme de séditions; il doit fuir les hom-
« mes pervers qui, dans des discours artificieux, lui suggèrent
« des espérances exagérées et lui font de grandes promesses,
« qui n'aboutissent qu'à de stériles regrets et à la ruine des for-
« tunes. — Quant aux riches et aux patrons, ils ne doivent point
« traiter l'ouvrier en esclave; il est juste qu'ils respectent en lui
« la dignité de l'homme relevée encore par celle du chrétien. Le
« travail du corps, au témoignage commun de la raison et de la
« philosophie chrétienne, loin d'être un sujet de honte, fait hon-

la France, nombre d'hommes, intelligents d'ailleurs et même religieux, ne manquent pas d'en

« neur à l'homme, parce qu'il lui fournit un noble moyen de
« soutenir sa vie. Ce qui est honteux et inhumain, c'est d'user de
« l'homme comme d'un vil instrument de lucre, de ne l'estimer
« qu'en proportion de la vigueur de ses bras. Le christianisme, en
« outre, prescrit qu'il soit tenu compte des intérêts spirituels de
« l'ouvrier et du bien de son âme. Aux maîtres il revient de veil-
« ler qu'il y soit donné pleine satisfaction; que l'ouvrier ne soit
« point livré à la séduction et aux sollicitations corruptrices;
« que rien ne vienne affaiblir en lui l'esprit de famille ni les
« habitudes d'économie. Défense encore aux maîtres d'imposer
« à leurs subordonnés un travail au-dessus de leurs forces ou
« en désaccord avec leur âge ou leur sexe. Mais, parmi les de-
« voirs principaux du patron, il faut mettre au premier rang
« celui de donner à chacun le salaire qui convient. Assurément,
« pour fixer la juste mesure du salaire, il y a de nombreux
« points de vue à considérer; mais, d'une manière générale, que
« le riche et le patron se souviennent qu'exploiter la pauvreté
« et la misère et spéculer sur l'indigence sont choses que ré-
« prouvent également les lois divines et humaines. Ce qui serait
« un crime à crier vengeance au ciel serait de frustrer quel
« qu'un du prix de ses labeurs. *Voilà que le salaire que vous
« avez dérobé par fraude à vos ouvriers crie contre vous, et
« que leur clameur est montée jusqu'aux oreilles du Dieu
« des armées.* Enfin les riches doivent s'interdire religieusement
« tout acte violent, toute fraude, toute manœuvre usuraire qui
« serait de nature à porter atteinte à l'épargne du pauvre, et
« cela d'autant plus que celui-ci est moins apte à se défendre
« et que son avoir, pour être de mince importance, revêt un
« caractère plus sacré.

« L'obéissance à ces lois, nous le demandons, ne suffirait-
« elle pas, à elle seule, pour faire cesser tout antagonisme et en
« supprimer les causes? — L'Église toutefois, instruite et dirigée
« par Jésus-Christ, porte ses vues encore plus haut; elle propose
« un corps de préceptes plus complet, parce qu'elle ambitionne
« de resserrer l'union des deux classes jusqu'à les unir l'une à

faire « l'affaire du clergé ». Nous leur répondrons par les belles paroles que le jeune prince François Massimo prononçait, en prenant possession de la présidence du XI° Congrès catholique italien, à Rome : « Quand le clergé était libre, l'action des laïques pouvait paraître superflue ; mais aujourd'hui que les prêtres sont combattus, le devoir des catholiques est de se réunir autour de l'autel pour défendre les intérêts les plus sacrés de notre sainte religion. » L'activité infatigable qu'ont déployée et que déploient actuellement en France des catholiques pleins de zèle, nous prouve qu'ici, comme partout, le nombre est grand de ceux qui ont compris la nécessité de cet apostolat laïque.

Or, pour arriver à ce louable but, — le relèvement moral de l'ouvrier et l'amélioration de sa condition matérielle, — les Français ont, dans les œuvres, un auxiliaire puissant, que bien d'autres peuples seraient heureux de posséder.

Lorsqu'on jette un coup d'œil sur ces innom-

« l'autre par les liens d'une véritable amitié. — Nul ne saurait
« avoir une intelligence vraie de la vie mortelle, ni l'estimer à
« sa juste valeur, s'il ne s'élève jusqu'à la considération de cette
« autre vie, qui est immortelle. Supprimez celle-ci, et aussitôt
« toute forme et toute vraie notion de l'honnêteté disparaît ;
« bien plus, l'univers entier deviendrait un impénétrable mys-
« tère. » (Encycl. *Rerum Novarum*.)

brables associations françaises qu'on appelle les œuvres, et qui appliquent à la miséricorde envers les déshérités de la fortune tous les dévouements, toutes les conditions, toutes les classes, on est saisi d'admiration; pas une douleur, pas une misère, pas une meurtrissure du corps ou de l'âme qui ne trouve en France une œuvre consacrée à la soulager, ou du moins à la consoler. Que dire encore de celles qui cherchent à améliorer la condition du laboureur, de l'ouvrier, de l'industriel, du militaire? etc.

Comme les fleuves de Pascal, les œuvres sont des chemins qui marchent et qui conduisent d'eux-mêmes là où l'on veut aller. Quelle puissance humaine serait capable de résister à toutes ces forces diverses, si l'on parvenait à les canaliser et à les réunir en un immense confluent?

Voilà à quelle centralisation grandiose les Comités doivent s'efforcer de contribuer pour leur part, en établissant, chacun dans son sein, un bureau ou section des œuvres chrétiennes et ouvrières. L'action de ce bureau ne doit même pas se borner à réunir en un seul faisceau les différentes œuvres qu'il trouvera dispersées dans son quartier ou sa circonscription : il a une mission encore plus élevée.

Au moyen âge, l'Église, cette grande civilisa-

trice des peuples, avait résolu la question ouvrière,
qui résume à peu près toute la question sociale,
par l'établissement des associations agricoles et
des corporations industrielles[1]. En 1791, la Révo-

1. A ce sujet, M. A. Leroy-Beaulieu écrit : « Le levier de-
mandé pour soulever le monde, l'Église l'a dès longtemps découvert, c'est l'association. Et ce qu'il faut pour réunir les hommes et pour les tenir unis, l'Église l'a reçu de sa tradition et de
l'Évangile. Si elle possède, à un degré si éminent, le génie de l'association, c'est qu'elle a tout ce qui peut le faire naître et le faire
vivre : l'esprit d'amour, de douceur, de dévouement, et non moins
l'esprit d'ordre et de discipline. Comment, après cela, s'étonner
que des sociétés chrétiennes grandissent et prospèrent là où nos
sociétés profanes s'étiolent et meurent? C'est que, pour le chrétien, solidarité et fraternité ne sont pas une formule sonore... »
(*Loc. cit.*, chap. xIII.)

Léon XIII nous montre que même aujourd'hui la question
sociale ne peut être résolue que par les associations chrétiennes.

« Le sort de la classe ouvrière, dit-il, telle est la question qui
« s'agite aujourd'hui ; elle sera résolue par la raison ou sans elle,
« et il ne peut être indifférent aux nations qu'elle soit résolue par
« l'une ou par l'autre voie. Or, les ouvriers chrétiens la résou-
« dront facilement par la raison, si, unis en sociétés et conduits
« par une direction prudente, ils entrent dans la voie où leurs
« pères et leurs ancêtres trouvèrent leur salut et celui des peu-
« ples. Quelle que soit dans les hommes la force des préjugés et
« des passions, si une volonté perverse n'a pas entièrement
« étouffé le sentiment du juste et de l'honnête, il faudra que tôt
« ou tard la bienveillance publique se tourne vers ces ouvriers,
« qu'on aura vus actifs et modestes, mettant l'équité avant le
« gain et préférant à tout la religion du devoir. Il résultera de là
« cet avantage, que l'espoir et de grandes facilités de salut seront
« offerts à ces ouvriers, qui vivent dans le mépris de la foi
« chrétienne ou dans les habitudes qu'elle réprouve. Ils com-
« prennent d'ordinaire, ces ouvriers, qu'ils ont été le jouet d'es-
« pérances trompeuses et d'apparences mensongères. Car ils

lution bouleversa toute l'économie de ce travail séculaire de l'Église, sans y rien pouvoir substituer. Elle isola le travailleur et le livra désarmé aux mains de maîtres sans entrailles, à la merci de la concurrence, de l'usure, de la cupidité et des monopoles. Elle détermina une crise qui, s'aggravant de jour en jour, menace la société d'un cataclysme. Pour remédier à cet état de choses, des hommes hostiles à la religion ont repris l'initiative de l'Église et fondé, d'après leurs théories, de grandes associations de prolétaires, qui, par les faux principes sur lesquels elles reposent, sont devenues pour la société un danger bien plus redoutable que le mal même auquel elles voulaient remédier.

Ce serait donc une grande folie de notre part de nous tenir à l'écart de ce mouvement d'asso-

---

« sentent par les traitements inhumains qu'ils reçoivent de
« leurs maîtres, qu'ils n'en sont guère estimés qu'au poids de
« l'or produit par leur travail ; quant aux sociétés qui les ont
« circonvenus, ils voient bien qu'à la place de la charité et de
« l'amour, ils n'y trouvent que les discordes intestines, ces com-
« pagnes inséparables de la pauvreté insolente et incrédule.
« L'âme brisée, le corps exténué, combien qui voudraient se-
« couer un joug si humiliant ! Mais, soit respect humain, soit
« crainte d'indigence, ils ne l'osent pas. Eh bien, à tous ces ou-
« vriers, les sociétés catholiques peuvent être d'une merveilleuse
« utilité, si, hésitants, elles les invitent à venir chercher dans
« leur sein un remède à tous leurs maux, si, repentants, elles
« les accueillent avec empressement et leur assurent sauvegarde
« et protection. » (Encycl. *Rerum Novarum*.)

ciation, sous le prétexte que l'impulsion en a été donnée à notre siècle par des hommes hostiles à la religion. L'esprit d'association repose sur l'ordre divin, et, en l'appliquant selon les besoins et les âges, l'Église l'a fait essentiellement chrétien; et c'est de l'œuvre même du christianisme que ces prétendus réformateurs ont voulu faire leur œuvre, après l'avoir dénaturée. A nous donc de la revendiquer, en fondant partout des associations chrétiennes, ou en rendant chrétiennes celles qui existent déjà.

Ces quelques mots nous expliquent le rôle que doit jouer, dans les comités, la section des œuvres chrétiennes et ouvrières.

Cette section, pour bien remplir sa tâche, doit avant tout étudier le terrain sur lequel elle est appelée à agir. Elle prendra connaissance des œuvres qui y existent déjà. Si ces œuvres sont chrétiennes ou fondées dans un esprit chrétien, il faudra les observer de près, voir si elles fonctionnent régulièrement, et, sans toucher ni à leur autonomie ni à leur vie propre, s'entendre avec elles, mobiliser leurs forces, coordonner leurs efforts en vue du but commun. D'autre part, on cherchera à se glisser dans les associations qui ont été fondées dans un but purement matériel; on s'efforcera de les rendre chrétiennes, d'y répandre la bienfaisante lumière de l'Évangile, de les orienter vers une fin plus élevée, et de les animer de ce principe vital qu'elles ne sauraient avoir en dehors de la vérité catholique. Dans le cas où ce résultat serait impossible à atteindre, rien n'empêche de fonder, dans la même commune ou le même canton, d'autres œuvres similaires, s'inspirant des principes chrétiens.

Enfin, le bureau doit compléter les cadres des œuvres existantes par la création ou la diffusion de quelques autres œuvres plus conformes et plus en rapport avec les nécessités de notre époque, et il canalisera tous ces efforts, afin de les faire converger à un même but : le relèvement moral et politique de la patrie, par le relèvement moral et matériel des diverses classes sociales.

A ce propos, nous croyons utile de signaler ici quelques œuvres d'un intérêt essentiel qui sont encore assez mal connues dans plusieurs régions françaises. Les Comités devraient être les premiers à les propager partout, soit pour se donner en elles des auxiliaires énergiques et affirmer ainsi une vitalité puissante, soit pour empêcher qu'elles ne s'établissent, en dehors de l'idée religieuse, sur le terrain et dans l'esprit socialistes.

Syndicats. — Léon XIII l'a dit formellement.

Dans l'état actuel des choses, « les ouvriers chré-
« tiens n'ont plus qu'à choisir entre ces deux
« partis : ou de donner leur nom à des sociétés
« dont la religion a tout à craindre, ou de s'or-
« ganiser eux-mêmes et de joindre leurs forces
« pour pouvoir secouer hardiment un joug si in-
« juste et si intolérable. Qu'il faille opter pour ce
« dernier parti, y a-t-il des hommes ayant vrai-
« ment à cœur d'arracher le souverain bien de
« l'humanité à un péril imminent qui puissent
« avoir là-dessus le moindre doute[1] ? »

Personne ne contestera que, parmi les nombreuses associations de toute sorte qu'on fonde
depuis quelque temps, les *syndicats* ne tiennent
la première place. Le Souverain Pontife ne craint
pas de les recommander d'une manière toute
spéciale. Voici ses paroles : « Nos ancêtres éprou-
« vèrent longtemps la bienfaisante influence de
« ces corporations; car, tandis que les artisans
« y trouvaient d'inappréciables avantages, les
« arts, ainsi qu'une foule de monuments le
« proclament, y puisaient un nouveau lustre et
« une nouvelle vie. Aujourd'hui, les générations
« étant plus cultivées, les mœurs plus policées,
« les exigences de la vie quotidienne plus nom-
« breuses, il n'est point douteux qu'il ne faille

1. Encycl. *Rerum novarum.*

« adopter les corporations à condition nouvelle.
« Aussi est-ce avec plaisir que nous voyons se
« former partout des sociétés de ce genre, soit
« composées de seuls ouvriers, soit mixtes, réu-
« nissant à la fois des ouvriers et des patrons;
« il est à désirer qu'elles accroissent leur nombre
« et l'efficacité de leur action[1]. »

Nous n'avons pas à parler longuement ici de l'origine des syndicats, de leurs conditions d'existence, de leurs meilleurs moyens d'action, de la réforme de la loi qui les régit actuellement, de leurs statuts, règlements, etc. Bien d'autres, plus compétents que nous dans la matière, ont approfondi ces questions, sur lesquelles on n'a pas encore dit le dernier mot, surtout en France[2].

Nous nous contenterons de placer ici quelques observations d'un caractère essentiellement pratique.

Rien de plus simple que la formation des syndicats. On réunit les agriculteurs, les ouvriers ou les industriels d'un canton dans un local quelconque, on fait approuver et signer les statuts, on

---

1. Encycl. *Rerum novarum.*
2. Parmi les nombreux ouvrages qui traitent des syndicats et de leurs avantages, nous citerons notamment les remarquables études publiées par M. le comte de Paris sous ces titres : *Les Associations ouvrières en Angleterre. — Une Liberté nécessaire, le Droit d'association.*

constitue un bureau, et voilà le syndicat formé. On obtiendra pour lui la personnalité civile en déposant à la mairie les statuts avec les noms des directeurs. Les groupes cantonaux peuvent se concerter pour constituer le syndicat d'arrondissement, les syndicats d'arrondissement formeront le syndicat départemental; d'ailleurs, aucune obligation de débuter par le canton plutôt que par la commune ou le département.

Si déjà, dans un bourg, dans une ville, un syndicat s'est constitué sous une inspiration radicale ou socialiste, pourquoi les forces conservatrices ne fonderaient-elles pas, à leur tour, un syndicat rival? Plusieurs syndicats similaires peuvent légalement exister dans la même commune : il n'y a qu'à leur attribuer des noms différents pour satisfaire aux exigences de la loi. Il n'est pas toujours défendu d'entrer dans un syndicat dirigé par des adversaires, si on a l'espoir fondé d'en ramener les membres à de meilleurs sentiments; mais il faut alors ne pas perdre de vue le but poursuivi, sous peine de sanctionner par son concours une œuvre mauvaise : il y a là une question de tactique et de tempérament qui dépend des circonstances. Opposer syndicat à syndicat sera souvent une habile manœuvre; d'autres fois, il vaudra mieux prendre la direction d'un syndicat déjà constitué. Mais on ne saurait trop répéter que rien ne remplace l'initiative première. Les conservateurs se feront donc un devoir d'être les premiers à fonder des syndicats, et ils agiront de telle sorte que, si leur influence n'y est pas exclusive, ils puissent au moins mettre obstacle à toute fâcheuse propagande, à toute influence antichrétienne.

La loi de 1884 contient une disposition injustifiable que les catholiques doivent s'efforcer de faire abroger; un des articles défend aux syndicats de revêtir un caractère nettement religieux.

Par conséquent, tant que cette loi restera en vigueur, et pour ne pas s'exposer à des tracasseries inutiles, on évitera d'insérer dans les statuts des articles relatifs au repos dominical, à une messe patronale, aux enterrements religieux des membres, etc. Ces clauses, auxquelles cependant les syndicats chrétiens doivent tenir beaucoup, on les introduira dans le règlement intérieur, pourvu toutefois qu'elles ne paraissent pas constituer l'objet même du syndicat. On peut néanmoins fonder, avec le concours du clergé, à côté des syndicats et avec le même personnel, des confréries et autres associations pieuses, ou rétablir celles qui existaient jadis, mais avaient fini par s'éteindre.

Syndicats agricoles. — Dès que la loi du 21 mars 1884 fut votée, quelques hommes d'action, comprenant le parti qu'il était possible de tirer de la situation, parcoururent la France, prêchant avec ardeur la croisade des syndicats agricoles, disant partout quels bénéfices immenses le pays pouvait se promettre de ces associations.

Le syndicat agricole, en effet, n'est ni une simple société commerciale, ni une de ces sociétés agricoles qui visent à procurer par la presse, par les conférences, par les concours, de constantes améliorations dans les procédés et les méthodes de culture, etc. Le syndicat est une association plus étroite, plus intime entre propriétaires, fermiers, manœuvres, qui ont pour but commun d'élever leur niveau moral et intellectuel, d'améliorer leur situation naturelle, et de défendre avec plus d'efficacité les intérêts de l'agriculture.

Rapprocher, unir les agriculteurs, les mettre à même de mieux se connaître, leur permettre de rechercher ensemble les réformes à demander, les démarches à faire auprès des pouvoirs constitués dans l'intérêt de l'agriculture; propager l'enseignement agricole, inaugurer, importer, populariser les procédés nouveaux qui peuvent rendre le travail à la fois plus facile et plus rémunérateur; favoriser la fondation d'institutions économiques, telles que sociétés de crédit agricole, sociétés de production, caisses de secours mutuels contre la maladie, la grêle, la mortalité du bétail, caisses de retraites, assurances contre les accidents; créer des bureaux de renseignements et d'entremise pour les achats en commun, la vente des produits; supprimer les intermédiaires parasites, diminuer les frais de production, les frais de vente, réaliser autant que possible le problème de la vie à bon marché; fournir des experts et des arbitres pour les litiges sur les questions agricoles; maintenir les bonnes coutumes : tel est à peu près l'objet des syndicats. Cette simple énumération dit éloquemment quelle est leur utilité.

Les syndicats agricoles qui ont su mettre à leur tête des hommes intelligents, actifs et de condition honorable prospèrent le plus ordinairement, et exercent dans la commune, le canton, voire même dans le département tout entier, une action bienfaisante et moralisatrice. Lorsque ces chefs de file sont chrétiens, leur influence prend un caractère meilleur encore, et le syndicat leur donne un excellent moyen d'accomplir ce devoir de patronage social que leur situation dans le pays leur imposait, mais qu'ils ne savaient peut-être pas remplir, faute d'avoir dans les mains cet instrument que leur fournit une organisation dont la légalité est indiscutable.

De son côté, le paysan, jadis abandonné par ses protecteurs naturels, et exposé aux pires suggestions des faux savants de village, voyant maintenant que le syndicat lui rend des services, que cette association le défend contre les exploiteurs de toute nature, le paysan, disons-nous, reprend confiance; il se met en contact avec son propriétaire, avec son curé, avec tous ceux qui, par leur supériorité morale, sociale ou intellectuelle, lui étaient désignés comme des parasites ou des ennemis de son bonheur, et il en vient à leur rendre justice, à les apprécier à leur juste valeur.

Quoique limités aux affaires professionnelles et d'ordre économique, les syndicats agricoles présentent donc de grands avantages moraux, puisqu'ils rapprochent, dans un intérêt commun, les divers éléments de la société et amènent ainsi une estime mutuelle fondée sur une sorte de reconnaissance réciproque pour les services rendus; car, jusqu'ici, les syndicats agricoles, sauf de très rares exceptions, ont eu l'avantage d'être des syndicats mixtes de propriétaires, fermiers, manouvriers; de là les heureuses conséquences qu'ils ont produites.

Syndicats ouvriers et industriels. — Comme nous l'avons vu, les socialistes ont retiré un immense profit de l'institution des syndicats ouvriers. Ils se sont servis de ce moyen pour faire une guerre à outrance au capital, fomenter des grèves désastreuses, entraver la liberté du travail; et ces associations, au lieu d'être vraiment un secours pour les ouvriers, une affirmation solennelle de leur solidarité, une force pour amener les patrons à transiger sur telle ou telle question pratique, sont devenus, entre des mains hélas! trop habiles, de dociles instruments dont quelques meneurs ambitieux se servent pour forcer les portes de la Chambre, ou se procurer de grasses situations.

Il appartient aux forces conservatrices de mettre un terme à ce mal qui prépare à la France un avenir terrible. Elles y réussiront infailliblement, si elles savent créer en grand nombre des syndicats ouvriers obéissant à leur inspiration, et opposer même, partout où il sera besoin, syndicats chrétiens à syndicats socialistes.

Ce sont surtout des syndicats mixtes qu'il faudrait constituer de préférence; car, comme l'explique si bien M. Anatole Leroy-Beaulieu :

« Rien ici qui froisse la susceptibilité ombrageuse des travailleurs, puisque le syndicat mixte a précisément pour objet de réunir dans la même association, sur un pied d'égalité, les représentants des ouvriers et les représentants des patrons. A ce point de vue, c'est là, manifestement, l'idéal des associations professionnelles : cherche-t-on dans les syndicats un instrument de pacification, ce ne peut guère être que dans le syndicat mixte. Autrement, comme l'ont prouvé jadis M. de Mun et l'*Association catholique*, constituer, en face les uns des autres, des syndicats d'ouvriers et des syndicats de patrons, c'est ranger le monde du travail en deux armées hostiles et organiser la guerre et non la paix. Incontestable vérité, que les faits ne confirment que trop déjà !!... »

Sociétés coopératives. — Le grand progrès qu'ont fait en France depuis quelque temps les tendances à ce genre d'associations nous dispense d'expliquer en détail ce qu'est une société coopérative.

Avec M. Charles Périn, l'éminent économiste, M. Michel Levie, avocat, estime que la reconstitution des classes populaires ne peut se faire que sous une forme active, la coopération. Il ajoute que les coopératives ont été la grande cause du

1. Loc. cit., chap. xiii.

développement des forces socialistes, et il conclut :
« Si nous laissons échapper ce moyen de grouper
les ouvriers sous une inspiration chrétienne, leur
groupement se fera exclusivement au profit des
socialistes[1]. »

En octobre 1893, un Congrès des sociétés coopératives s'est tenu à Grenoble pour étudier les
moyens de développer de plus en plus la coopération ouvrière.

Actuellement le Sénat et la Chambre s'occupent d'élaborer une loi relative aux sociétés coopératives de production, de consommation, de
crédit, et à la participation des ouvriers aux bénéfices. Dans le projet mis à l'étude, il est même
question de donner à ces institutions la facilité de
se fédérer entre elles.

Sociétés coopératives de Production. — Elles ont
pour but d'assurer aux ouvriers, outre le juste
salaire, une part des bénéfices dans l'œuvre pro-
duite. Elles mettent, pour ainsi dire, en commun
la fortune du patron et les fatigues et l'habileté
de l'ouvrier ; elles marquent un grand pas vers la
réconciliation du capital et du travail.

Mgr Ketteler écrivait à leur sujet : « Quelle
influence n'aurait pas la création de ces sociétés

1. Congrès catholique de Malines, septembre 1891.

de production, sur des bases chrétiennes, au milieu des territoires de ces esclaves blancs? Qu'arriverait-il si la charité, après avoir réuni les capitaux nécessaires, conviait tous les ouvriers à se rendre à l'atelier de la société, à condition que la partie du bénéfice qui ne doit pas servir à l'exploitation et au fonds de réserve, deviendra leur propriété? Les résultats seraient grands, et l'influence pernicieuse de l'industrie détachée de Dieu serait peut-être brisée à jamais. Puisse l'attention de tous ceux qui, poussés par l'esprit chrétien, s'occupent des misères des classes ouvrières et des moyens d'y remédier, se tourner aussi vers cet objet! Puisse Dieu susciter des hommes doués de la volonté et de la capacité suffisantes pour travailler à ce but! Si l'on commençait par ces branches de l'industrie qui ne nécessitent pas l'emploi de grands capitaux, et qu'on ne donnât pas à l'origine une trop grande extension à l'entreprise, l'exécution ne serait pas difficile. On trouve encore aujourd'hui des hommes qui se sentent animés du désir de faire du bien à leurs semblables [1]. »

On a fait, en France et à l'étranger, de féconds essais en ce genre. Certaines de ces sociétés ont assuré à l'ouvrier une part sur les seuls bénéfices;

____

1. *La Question ouvrière et le Christianisme* (Liège 1869).

d'autres l'ont admis à participer, en même temps, à la formation du capital. Dans de remarquables études, M. le Comte de Paris et d'autres auteurs de haute compétence ont montré, avec faits à l'appui, quelle grande utilité les classes laborieuses retireraient de la diffusion de ces associations[1].

Convaincus par ces preuves sans réplique, quelques hommes intelligents et dévoués ont fondé une société, dans le but même de réaliser cette propagation[2]. Nous voudrions que les sections ou bureaux des œuvres chrétiennes et ouvrières imitassent cet exemple en s'efforçant de multiplier, sur tous les points de la France, ces excellentes institutions.

Sociétés coopératives de Consommation. — Celles-ci sont les plus connues du grand public français. Elles ont pour but de vendre à leurs adhérents les marchandises presque au prix de revient, et de donner aux sociétaires une part des bénéfices réalisés à la fin de l'exercice, ou

1. Consulter les œuvres de M. le comte de Paris, citées plus haut, et parmi les autres auteurs, M. Ott, *Traité d'économie sociale.* Paris, 1892. Bœchmer, *la Participation aux bénéfices,* traduit par M. Trombert 1888. M. Jules Simon, *le Travail.* Paris, 1867, etc.

2. Voir le *Bulletin de la participation aux bénéfices,* publié depuis 1878 par cette société.

bien de convertir ces bénéfices en fonds de réserve pour la société, et d'alimenter ainsi des caisses de prévoyance pour le chômage, la vieillesse, etc. De sorte que ces sociétés, non seulement réduisent sensiblement les dépenses de ménage de l'adhérent, mais l'obligent à l'économie et à la prévoyance.

Répondant à M. Servois qui, dans le Congrès de Limoges (février 1892), se demandait si l'on pouvait s'intéresser à des sociétés coopératives de consommation, sans s'aliéner les sympathies du petit commerce, M. Harmel ne craignit pas de dire : « Non seulement, quand de pareilles sociétés existent, il est bon de s'y intéresser, mais, là où elles n'existent pas, il est utile d'en établir. » Et l'on reconnut qu'il est urgent d'empêcher de grandir encore le nombre déjà trop grand des intermédiaires qui va néanmoins grossissant de jour en jour.

D'ailleurs, et en toute hypothèse, il demeure certain que les sociétés coopératives, qu'elles soient de consommation ou de production, sont appelées à opérer un bien social considérable. Deux exemples nous le prouveront mieux que tout raisonnement.

En Angleterre, dans le comté de Lancastre, à Rochdale, ville qui peut être considérée comme le berceau de ces institutions, la société coopérative a distribué, en un seul trimestre de 1864, 12 francs pour 100 francs d'achats. Pareille prospérité, se continuant une année entière, réaliserait une rentrée de débours de 48 pour 100. A Oldham, autre ville d'Angleterre, les sociétaires ont recouvré dans une année 34,40 pour 100 du prix de leurs acquisitions[1].

L'autre exemple nous est fourni par la société de Commentry en France. « Cette société comptait, en août 1888, 483 actionnaires, tous ouvriers de la compagnie, c'est-à-dire à peu près la moitié du personnel. Le chiffre des ventes, comparé à celui des salaires distribués par l'usine, en représentait le 51 pour 100. Les sept huitièmes des bénéfices réalisés sont répartis au *prorata* des achats. En vingt et un ans, la société a réparti 1,247,815 francs à ses actionnaires et aux consommateurs. En même temps. de fortes réserves ont été constituées, toutes les installations ont été amorties. Le capital a été porté, au profit des actionnaires, de 30,000 francs à 120,000 francs par le seul jeu des réserves; puis, en 1888, il leur a été remboursé intégralement. Ils restent seule-

1. Le nombre des adhérents aux sociétés coopératives dans la Grande-Bretagne est de un million deux cent mille, répartis en quinze cents sociétés. Le chiffre d'affaires est annuellement de 817,500,000 francs.

ment titulaires d'actions de jouissance, leur donnant droit à se partager le huitième des bénéfices.
L'intérêt n'étant plus payé sur ces actions, la distribution faite aux consommateurs sera augmentée
d'autant. En 1887, la répartition a été de neuf
pour cent du montant des achats. » M. Cl. Jannet, à qui nous empruntons ces détails, ajoute :
« Avant la création de la société coopérative,
le personnel des forges était couvert de dettes; il
y avait, dans les bureaux de la compagnie, cinq
cents oppositions sur les salaires des ouvriers. Il
n'y en a plus une aujourd'hui [1]. »

Un autre avantage des coopératives, c'est
d'introduire la prévoyance dans le ménage de
l'ouvrier, dont la femme s'habitue à dresser son
petit budget. De plus, des institutions auxiliaires
se créent à côté de la coopérative : caisses de prévoyance, de retraite, etc.; les ouvriers eux-mêmes
les dirigent, c'est leur chose; ils se passionnent
pour leur développement.

Rien ne s'opposera désormais à l'évolution économique qui oblige les individus comme l'industrie à supprimer les dépenses inutiles, à réduire
les frais généraux de la vie. A raison de ces résultats qu'elles procurent, les sociétés coopéra-

1. Cl. Jannet, *le Socialisme d'État et la Réforme sociale.*
Paris, 1890, p. 424.

tives de consommation sont déjà très dignes d'intérêt; elles le deviendront plus encore, si elles aident au développement rapide de la coopération de production.

Si les classes conservatrices savent apprécier les immenses avantages de ce double mouvement, se mettre à sa tête, le répandre et le propager, elles gagneront à elles, en peu de temps et infailliblement, les classes laborieuses et elles porteront un coup mortel au socialisme. Elles obtiendront des succès certains, non seulement dans les centres ouvriers et industriels, mais encore dans les campagnes. Le mouvement profond qui entraîne vers la coopération les populations agricoles du Midi, de la Franche-Comté, de la Bourgogne, etc., en fournit de sûres garanties.

Patronages. — Lorsqu'on parle de patronages, la pensée va tout de suite à la jeunesse. Toutefois, nous n'entendons parler ici que des patronages d'adultes, tels qu'en ont créé M. Harmel, industriel au Val-de-Bois, et M. Mame, imprimeur à Tours. Les services que ces institutions ont rendus à la classe ouvrière sont assez considérables pour que l'idée mérite d'en être répandue dans toute la France. Ne pouvant pas décrire le mécanisme de ces organisations aussi minutieusement que

nous voudrions le faire, nous engageons vivement les Comités à envoyer un de leurs membres
l'étudier sur place. Étudier cette œuvre, c'est l'apprécier, c'est l'adopter, et opposer, dans les centres industriels, un rempart de plus au socialisme[1].

Banques populaires. — Lorsqu'on s'est rendu
compte du succès obtenu à l'étranger par ces
sociétés de crédit agricole, industriel, ouvrier,
qu'on appelle généralement les banques populaires, on ne peut qu'applaudir aux efforts faits
par quelques hommes d'initiative, pour doter la
France de ces créations qu'elle doit envier à ses
voisins de l'Est et du Sud-Est.

Déjà en 1892, M. l'abbé Kannengieser nous
avait dit en détail les immenses avantages que
la cause catholique conservatrice a tirés, en
Allemagne, de ces institutions. Dans un ouvrage spécial : *People's Banks, a record of social
and economic success* (les Banques populaires,
exposé d'un succès social et économique), paru en
1893[2], M. H.-W. Wolff, a exposé, à son tour, avec
une parfaite clarté et une chaleur communicative,

---

1. Dans les *Études religieuses, philosophiques, historiques
et littéraires,* le R. P. Ét. Cornut a tracé de main de maître la
physionomie de l'œuvre fondée à Tours par M. Mame (n°s des
15 janvier, 15 février et 15 mars 1894).
2. London, Longmans, Green and C°.

tous les essais de banques populaires qui ont été tentés dans les divers pays. Il y est question, entre autres, de la petite banque de Montelupo établie dans les faubourgs de Florence : 375 pauvres ouvriers fabricants d'allumettes se réunirent et versèrent à eux tous 375 francs, 1 franc par tête. Le capital devait être porté à 3,750 francs, 10 francs par tête. Ils firent si bien, qu'au bout de la première année ils avaient attiré plus de 28,000 francs de dépôts, et prêté 31,000 francs qui leur avaient rapporté un bénéfice de 3,000 francs, ce qui veut dire qu'ils avaient le double avantage de prêter à un taux d'intérêt très élevé et de n'éprouver, sur leurs prêts, que peu de pertes.

Voilà un exemple entre mille.

De l'Allemagne et de l'Italie, ces banques se sont répandues en Belgique, en Suisse, en Russie. Dans ces trois pays cependant, elles n'ont pas pris encore l'importance qu'elles ont dans les deux premiers, où leur chiffre total d'affaires monte à environ *cinq milliards* de francs.

Cette idée commence aujourd'hui à pénétrer en France.

En 1889 un groupe d'hommes de progrès conçut l'idée d'assembler à Marseille un premier Congrès des Banques populaires françaises. Ce Congrès fut suivi par des réunions similaires tenues chaque année dans des villes différentes, Menton, Bourges, Lyon, Toulouse, et, à l'heure même où nous écrivons, à Bordeaux, afin de répandre les principes se rattachant à ces institutions et de provoquer des essais.

On peut affirmer qu'il n'est pas, en France ou à l'étranger, un seul congrès catholique où l'on ne s'occupe avec le plus grand intérêt du crédit agricole, populaire, ouvrier, etc., et de l'urgence qu'il y a de créer partout des établissements de ce genre. Or, en prenant l'initiative de propager activement les banques populaires, les Comités pourraient répondre à tous ces *desiderata*. Ils rendraient ainsi des services sérieux à la petite bourgeoisie française, à la classe ouvrière, à la classe agricole. En outre, ils se procureraient des capitaux pour la fondation des sociétés coopératives ou de tout autre établissement économique; avec les bénéfices, ils pourraient créer, au profit des classes laborieuses, diverses caisses de prévoyance.

Il n'est d'ailleurs ni absolument nécessaire ni très difficile de se procurer de forts capitaux pour fonder ces sortes de banques. Que l'on prenne, dans un district quelconque, vingt, trente, cinquante ouvriers, commerçants ou paysans sérieux, actifs, comptant parmi eux quelques hommes intelligents; on formera sans peine avec leurs petites économies un fonds d'une ou de deux centaines de francs au moins, et cela suffit pour un début. Une somme de deux cents francs bien ménagés constitue un point de départ assez solide pour faire face aux premiers besoins. Ce petit fonds, par la seule garantie d'une bonne gestion, se developpera vite; puis il arrive que des personnes non associées font des prêts et des dépôts à la caisse de l'Association, et la banque commence à fonctionner aisément et en pleine sécurité.

On voit de ce seul chef quelle influence un Comité peut exercer sur la région.

Nous aurions voulu parler encore des *Caisses de retraite*, des *Caisses de chômage*, des *Cercles pour la classe ouvrière*, du *Crédit au travail*, du *Crédit ouvrier*, des *Garanties contre les accidents du travail*, des *Habitations ouvrières*, des *Sociétés de secours mutuels*, des *Bourses du travail*, des *Caisses en faveur des familles nombreuses*, etc., etc.; mais, à dire ne fût-ce qu'un mot sur chacune de ces institutions, nous grossirions démesurément notre modeste volume. Du reste, les Comités se procureront sans peine, au sujet de ces œuvres bien connues, les renseignements nécessaires.

La Belgique nous offre un exemple frappant de l'efficacité de ces œuvres sur le terrain politique.

La contrée ouvrière de X., travaillée depuis plusieurs années par les socialistes, avait résisté à tous les moyens que l'Association catholique avait mis en œuvre pour l'attirer à elle. Impossible au parti de l'ordre d'y faire triompher un seul de ses candidats. Malgré ces insuccès répétés, les catholiques ne se tinrent pas pour battus.

Voyant que tous les moyens d'action directe. avaient échoué, ils commencèrent par fonder, dans toute la région, des sociétés coopératives, où l'on donnait aux ouvriers les vivres et les habillements au prix de revient, et en surplus, à la fin de l'année, un bénéfice prudemment calculé. Par ce moyen, qui frappait au cœur le socialisme sectaire, la glace fut enfin rompue entre les catholiques et cette population. Lorsque, peu de temps après, on fonda dans ces contrées des écoles catholiques, la jeunesse ouvrière s'y porta en foule. Le moyen avait réussi; et ce pays, où, il y a cinq ou six ans, le prêtre ne pouvait paraître en public sans être insulté, est aujourd'hui un des boulevards du catholicisme. Ces ouvriers ont pour l'Association catholique un si grand dévouement et de si ardentes sympathies, que parfois, quand les meneurs socialistes viennent de Bruxelles, de

Gand ou d'ailleurs, pour y faire des conférences et de la propagande en faveur de leurs tristes théories, ils se portent en masse à la gare pour les empêcher de descendre du train, et que, plus d'une fois, ils ont obligé ces prédicants sans mission à retourner d'où ils étaient partis.

4. — Section ou Bureau de la Bonne presse.

« Tout le monde s'explique, disait un excellent organe[1], ce que peut faire le journal, pour unir les braves gens.

« On comprend très bien qu'aujourd'hui c'est le journal qui, remplaçant les conférences, les prédications, agite devant l'opinion les questions qu'elle ne va plus étudier au pied de la chaire chrétienne ou des chaires des professeurs.

« C'est le journal qui peut seul servir d'intermédiaire aux divers intérêts religieux, patriotiques, commerciaux et agricoles. La question de l'offre et de la demande est traitée par lui. Les mercuriales sont établies par ses comptes-rendus. Les opérations de bourse dépendent souvent des nouvelles qu'il jette dans le public, des idées qu'il remue, des craintes ou des espérances qu'il fait naître.

1. Le *Bordeaux-Journal*, 8 décembre 1892.

« Le journal est capable de faire beaucoup de bien ou de commettre beaucoup de mal, suivant qu'il est bon ou mauvais. Voilà ce que beaucoup comprennent assez bien. Il leur reste cependant à s'occuper du journal, à lui donner parmi les œuvres le rang qui lui revient.

« On sait cette œuvre utile, mais on s'occupe de mille autres que l'on considère comme plus nécessaires, sans comprendre complètement que le journal est cependant l'œuvre des œuvres, sans laquelle toutes les autres seront bientôt compromises. Afin de convaincre parfaitement les personnes de bonne foi qui conserveraient certains doutes sur l'importance de la bonne presse, nous citons des témoignages irrécusables :

« En 1847, après avoir proclamé l'obligation de se servir de la presse pour défendre la vérité, Mgr Parisis ajoutait : « La dévotion des fidèles éclairés devrait porter ses offrandes et ses efforts aux bons journaux, afin de procurer à ces feuilles si nécessaires et si influentes assez d'indépendance pour qu'elles soient toujours inflexibles dans le devoir, assez de ressources pour qu'elles offrent des rédacteurs au goût de tous les esprits, et des abonnements à la portée de toutes les fortunes. Ne pas y coopérer quand on le peut, c'est en soi une *omission coupable*, puisque c'est refuser de prêter à la religion un concours dont elle a besoin. Et surtout, délaisser le journalisme religieux, pour venir en aide à des journaux ennemis, c'est une trahison qu'on ne peut exercer que par un inconcevable aveuglement. »

« O vous tous, chrétiens fidèles de l'Église catholique, disaient vingt-cinq ans plus tard les évêques de Suisse, ne soyez pas indifférents pour cette presse dévouée à votre foi... Si vos ressources ne vous en empêchent pas, abonnez-vous et passez le journal à d'autres. De cette manière, vous doublerez votre aumône faite à la bonne cause, et la bénédiction du ciel ne manquera pas à votre léger sacrifice. Communiquez et faites publier dans les bons journaux vos annonces, vos informations et vos nouvelles, cherchez à gagner à ces journaux, dans votre entourage, des abonnés, des correspondants ou des collaborateurs... Celui qui resterait indifférent aux intérêts de la bonne presse ne comprendrait pas la gravité des circonstances; bien plus, il serait à craindre *qu'il n'eût pas un véritable* attachement à sa foi et à son Église [1]. »

« Il n'y a point d'aide plus précieuse pour la chaire catholique, proclamaient, il y a dix ans, les évêques de l'Amérique du Nord, qu'un jour-

____
1. *Lettre pastorale des huit évêques de Suisse*, décembre 1872.

nal bien rédigé. Qu'on distribue, autant que possible, aux enfants fréquentant les catéchismes, les bons journaux du dimanche. *Il n'y a pas de dépenses mieux placées* que celles faites en vue de procurer au peuple des lectures attrayantes et salutaires[1]. »

« Fonder, soutenir un journal destiné à éclairer et ramener les esprits, écrivait, il y a cinq ans, le cardinal Lavigerie, est, en un sens, *aussi méritoire que de construire une église*[2]. »

« Si saint Paul revenait sur la terre, s'écriait de son côté l'illustre archevêque de Mayence, Mgr de Ketteler, saint Paul se ferait journaliste.

« Enfin, voici, à ce sujet, les récentes paroles de Léon XIII :

« Comme, dit-il, le principal instrument dont « se servent les ennemis (du catholicisme) est « la presse inspirée et soutenue par eux, *il faut* « *que les catholiques opposent la bonne presse à* « *la mauvaise* pour la défense de la vérité et de « la religion, et pour le soutien des droits de l'É-« glise. Et, de même que c'est la tâche de la « presse catholique de mettre à nu les perfides « desseins des sectes, d'aider et de seconder l'ac-« tion des pasteurs, de défendre et de favoriser

1. Concile de Cincinnatti, 1880.
2. *Lettre* à son clergé, 1885.

« les œuvres catholiques, air. `c'est *le devoir*
« *des fidèles de soutenir la bonne presse*, soit en
« refusant ou en retirant toute faveur à la mau-
« vaise, soit en concourant directement, chacun
« dans la mesure de ses moyens, à la faire vivre
« et prospérer, en quoi nous croyons que jus-
« qu'à présent on n'a pas fait assez. »

D'après ce qui vient d'être exposé, on recon-
naîtra sans peine l'urgence qu'il y a de créer, dans
chaque Comité, un bureau destiné à combattre la
mauvaise presse, ce poison de la foule, et d'en
conjurer les funestes effets. Ce bureau devra étudier les moyens les plus efficaces d'opposer, dans
sa circonscription, la bonne presse à la mauvaise,
au profit surtout de la classe qui travaille. Il est
vrai que, sur plusieurs points de la France, dans
les villes et notamment dans les villes manufacturières, dans les régions houillères, dans plusieurs grandes usines et dans nombre de villages
et de bourgs, on travaille avec succès à combattre
l'influence pernicieuse de la mauvaise presse,
par la rédaction et la propagation de bons journaux populaires distribués gratuitement ou ven-
dus à vil prix; cependant, il reste encore beaucoup, beaucoup à faire. Tant à Paris qu'en
province, nous nous trouvons, sous ce rapport, à
l'égard de nos adversaires, dans une regrettable

infériorité; nous sommes bien loin aussi du zèle déployé, des merveilles accomplies par les catholiques de Belgique et d'Allemagne.

Il faut qu'aussitôt constitué, chaque bureau de la bonne presse se livre à une étude approfondie sur les dispositions favorables ou hostiles des journaux de sa région ou de sa circonscription. Cette étude ne doit pas porter seulement sur le nombre des feuilles hostiles publiées ou lues, elle doit porter encore sur la rédaction des journaux catholiques. On examinera s'ils sont à la hauteur de leur mission et des circonstances, s'ils offrent à tous les points de vue autant d'intérêt que les journaux ennemis, s'il n'y a pas lieu de les rendre plus intéressants et plus utiles ou de les remplacer par d'autres répondant mieux aux nécessités des temps et aux besoins de la localité. On recherchera aussi les meilleurs moyens de répandre ces feuilles, on s'occupera de bien organiser le colportage, et l'on s'efforcera, dans la mesure du possible, d'entraver toute propagande en faveur des journaux hostiles du département ou de Paris.

Enfin on se chargera de la création de bibliothèques gratuites, de la distribution des bons journaux, en un mot de tout ce qui peut servir à combattre l'influence de la presse mauvaise et à favoriser la bonne.

Si les frais qui nécessite cette lutte à outrance dépassent les ressources dont on dispose, la section devra faire, sur ce sujet, un rapport détaillé et circonstancié, en indiquant dans quelle mesure le Comité pourrait concourir aux dépenses. Ce rapport sera envoyé au Comité départemental, qui, de concert avec le Comité local, déterminera ce qu'il y a à faire.

5. — Secrétariat pour tous.

Dans notre organisation, les Comités ne devront pas ressembler à ces assemblées de quinze ou vingt personnes qui se réunissent à un moment donné et qui se séparent ensuite pour un temps indéterminé. Par tout ce que nous venons d'exposer, on aura déjà compris que nous tendons à faire tout autrement qu'il n'a été fait jusqu'aujourd'hui. Nous allons d'ailleurs achever d'expliquer notre pensée en disant ce que doit être dans notre plan la présente section, résumé et complément de toutes les autres.

A notre sens, ce bureau sera comme un de ces anciens *forum* de quartier : toutes les bonnes volontés pourront s'y donner rendez-vous; l'on y trouvera, à chaque instant, encouragement, conseil, aide, protection, pour toutes les affaires et tous les besoins.

11

Les Comités locaux doivent, en conséquence, dans le quartier, la commune, le canton, attirer à eux toute l'action, en devenir le vrai centre; ils seront le lien et l'intermédiaire nécessaire entre les œuvres, aussi bien qu'entre les individus, quels qu'ils soient; en un mot, ils se feront les serviteurs, les conseillers, les guides, les protecteurs et les défenseurs de tout le monde.

On devrait donc créer, dans chaque Comité, une section qui se donnerait la mission de rendre à chacun tous les services possibles, section que nous nommerions volontiers *Secrétariat pour tous.*

Elle ne serait pas un simple bureau d'informations, mais le foyer d'une action continuelle et permanente. Elle devrait compter sur le concours de tous les membres du Comité, qu'ils fussent ou non délégués pour l'organiser et la faire fonctionner : il lui faudrait, en outre, le service des jeunes avocats, des délégués des rues, etc.

Et maintenant, qu'un homme ait besoin d'assistance ou de conseil pour un procès, une question fiscale, un héritage à recueillir, un embarras de famille, un deuil imprévu, un mauvais placement, il pourra venir au secrétariat pour tous, qui le sauvera des hommes d'affaires dont le métier est de prolonger les procès, lui épargnera les longs délais de l'assistance judiciaire et mettra à sa disposition un bon avocat; d'où ce double avantage : l'homme du peuple recevra aide et conseil, sans qu'il lui en coûte autre chose qu'un peu de temps; le jeune avocat trouvera le moyen de percer, de se faire connaître et apprécier, de se faire une clientèle.

Qu'un autre ait besoin d'une place, d'un ouvrier, d'un employé. Le secrétariat pour tous est là encore; il reçoit offres et demandes d'emploi. Et puis, il a à sa disposition les délégués des rues. Il connaît par eux ces innombrables petits ateliers ou magasins dont parfois personne ne parle, surtout dans les grandes villes, et qui cependant, dirigés qu'ils sont par d'honnêtes gens, peuvent fournir d'excellentes places à de bons sujets.

Et ainsi, chacun aurait sous la main ce qui lui est nécessaire et économiserait le temps qui, on le sait, « est de l'argent ».

En outre, si l'occasion se présente d'attirer à eux un ennemi ou un indifférent, les membres du Comité ne se contenteront pas de payer de leur personne; il faudra y aller de la bourse. Nous avons vu quels beaux exemples nous donne à ce sujet l'Association catholique belge.

Lorsque les moyens le permettront, on pourra ouvrir une salle de lecture et faire en sorte qu'elle devienne, pour les hommes d'affaires et les gens

du monde, un lieu attrayant de rendez-vous. Il y
aurait là un excellent moyen, pour le Comité, de
rester en bons rapports avec toutes les classes de
la société.

On comprend aisément l'importance de la section dont nous parlons. Elle amène une fréquenta-
tion de chaque instant entre les électeurs du
quartier et les membres du Comité; elle donne
aux uns et aux autres l'occasion de se connaître
et de s'apprécier mutuellement, circonstance qui,
au moment des élections, exercera une influence
salutaire. Comment supposer, en effet, que des
patrons, des commerçants, des employés ou ouvriers, qui, dans le cours de l'année, ont reçu des
bienfaits incessants du Comité, qui ont été en relations continuelles et presque en intimité avec
des hommes cherchant en tout à leur faire du
bien, puissent voter pour des inconnus n'ayant
aucun titre à leur reconnaissance?

Par ce travail des différentes sections ou bureaux, les Comités donneront au peuple l'idée *vraie*
de la *vraie* fraternité, idée essentiellement chrétienne, que la Révolution a *découverte* dix-huit
siècles après Jésus-Christ, et dont elle a si étrange-
ment abusé, à son profit. Ils lui feront comprendre que la fraternité est autre chose qu'un mot
écrit en gros caractères au fronton des édifices

publics; qu'elle consiste dans une communauté d'intérêts découlant de la communauté du sang, de l'origine; qu'elle implique nécessairement le respect de la communauté et de l'individu qu'elle unit ensemble par le droit et le culte du droit, et qu'enfin c'est par elle seule qu'on peut arriver à une union solide et durable.

On voit par ce rapide aperçu quel essor les Comités locaux peuvent prendre au milieu des populations, et comment il leur serait facile de rallier en peu de temps autour d'eux toutes les bonnes volontés, même de s'attirer la sympathie des indifférents et le respect des adversaires.

III. — AUTRE GENRE D'ACTION QUE DOIVENT EXERCER LES COMITÉS.

Outre l'action qu'ils exerceront par les bureaux dont nous venons de parler, les Comités devront, soit par un effort collectif, soit par les efforts particuliers de chacun de leurs membres, tâcher d'en exercer une autre à la fois morale et pratique, tant sur les masses que sur les individus.

Cette action, soit collective, soit individuelle, est d'une très grande importance, car c'est par elle que les Comités arriveront à infuser dans la société cette sève nouvelle qui peut la rajeunir et la faire marcher, alerte et sûre, à la conquête de cet avenir meilleur, auquel elle aspire de tous ses désirs. Multiple, variée, cette action changera souvent selon les gens qu'elle a à atteindre et le pays où elle doit s'exercer. C'est pourquoi nous laissons au bureau de direction et aux Comités départementaux le soin d'étudier, et les causes qui ont enlevé la direction des affaires aux hommes de bien, pour la remettre dans les mains des sectaires, et les moyens les plus propres à faire tout rentrer à sa place.

Toutefois, parmi ces causes qui ont contribué, dans presque toute la France, à mettre en minorité les hommes honnêtes et sensés, il en est deux sur lesquelles nous nous permettrons d'appeler d'une manière toute spéciale l'attention des Comités qui devront, à notre avis, les combattre par tous les moyens et avec toute l'énergie possibles. C'est d'abord cette funeste indifférence en matière électorale, qui tend de jour en jour à gagner tout le monde; c'est ensuite le peu d'importance que le public attache à l'élection des conseillers municipaux, des conseillers d'arrondissement et des conseillers généraux. Nous allons dire quelques mots sur ces deux points.

1. — Devoir électoral.

Puisqu'à notre époque, l'indifférence en matière électorale se manifeste avec une persistance si inquiétante [1], les Comités doivent ne rien né-

[1]. Déjà à diverses reprises, les assemblées parlementaires se sont préoccupées du nombre de plus en plus considérable d'abstentions qui se produisent au moment des élections. Un peu avant la clôture de la précédente législature, une proposition ayant pour but de porter remède à cette situation était déposée par M. Létellier. A son tour M. Gauthier de Clagny s'est fait l'auteur d'une proposition tendant au même but, c'est-à-dire à rendre le vote obligatoire.

En France; le vote obligatoire existe déjà pour le Sénat. En Suisse, le vote est obligatoire dans plusieurs cantons, et dernièrement, en Belgique, en établissant le suffrage universel, on a rendu le vote obligatoire.

La nécessité de cette mesure s'impose jusqu'à l'évidence.

En 1885, la lutte, certes, fut vive; cependant, malgré tous les efforts que firent les partis en présence, on constata un grand nombre d'abstentions.

En 1889, nouveau combat tout aussi acharné; néanmoins, et quoique le mode de scrutin fût changé, il y eut des départements où les abstentions atteignirent le chiffre de 50.000. Depuis, les électeurs ont été plusieurs fois appelés aux urnes, et souvent on a vu le nombre des abstentions dépasser celui des votants.

Aux dernières élections, la moyenne des abstentions a été de 31,50 pour cent. Dans trois départements, les abstentions ont dépassé la moitié des inscrits; dans six, elles ont dépassé les deux cinquièmes; dans dix-sept, elles ont dépassé le tiers, et dans dix-neuf, le quart.

Dans les élections départementales et communales, le chiffre des abstentions est généralement plus considérable encore.

Le *Soleil* dit à ce sujet : « Nous avons fait le relevé des voix obtenues par les quatre-vingts candidats qui ont été élus les 16

gliger pour donner aux électeurs cette ferme conviction qu'ils ont tous le devoir de voter, et tous aussi, le devoir de bien voter; car, comme le dit fort bien un député qui s'est rallié des premiers à la politique de Léon XIII : « Dans une démocratie, le suffrage universel est la source légitime de tous les pouvoirs, le maître souverain des destinées de la patrie[1]. »

et 23 avril 1893, conseillers municipaux de Paris. Il est exactement de 190,203.

« Or, le nombre des électeurs inscrits à Paris est de 505,090. C'est donc la minorité des électeurs parisiens qui nomme le conseil municipal. La grande majorité des électeurs, 315,000 électeurs sur 506,000, soit *plus des trois cinquièmes*, est par le fait privée du droit de vote.

« Il y a plus de 500,000 électeurs à Paris. Il n'y en a pas 200,000 qui soient représentés. Plus de 300,000 électeurs sont exclus de la vie politique.

« Prenons un arrondissement au hasard, le onzième, par exemple. Le nombre des inscrits est de 45,504. Les quatre conseillers municipaux du onzième ont été nommés par 3,010, 2,514, 3,514, et 2,708 voix, en tout 12,646 suffrages sur 30,523 votants! Ces conseillers municipaux ne représentent que les deux cinquièmes des votants et un peu plus du quart des inscrits.

« Autre exemple : dans le quartier de Bel-Air, il y a 2,202 électeurs. Le nombre des votants a été de 1,654. Le conseiller municipal élu n'a obtenu que 550 voix. Légalement, il est le représentant du quartier de Bel-Air. En réalité, il ne représente que le tiers des votants et le quart des inscrits !

« Et ce qui se passe à Paris, se passe également en province; ce qui existe pour les élections municipales existe aussi pour les élections législatives. » (H. de Kerohant, *Soleil* du 26 avril 1893.)

1. M. Gauthier de Clagny, *Proposition de loi sur le vote obligatoire*. *Éclair* du 12 janvier 1894.

Et, aberration déplorable! ceux dont l'indifférence en matière électorale est la plus obstinée sont ceux-là mêmes qui, en raison de leur situation, de leur éducation et de leurs lumières, devraient donner aux autres l'exemple de l'assiduité aux scrutins, ceux-là mêmes qui ont la prétention d'appartenir aux classes *dirigeantes*[1]! Les socialistes, eux, sont autrement fidèles au poste!

Il ne serait pas difficile aux Comités de faire comprendre à tout électeur catholique, que, si, malgré les quelques propositions qui ont été faites à ce sujet à la Chambre, la loi française n'in-

---

1. Nous ne sommes pas les premiers à avoir constaté ce regrettable état de choses : Nous avons vu, page 109, que l'*Univers* imputait nombre d'échecs électoraux aux abstentions des conservateurs. A son tour, le *Soleil* disait quelques mois auparavant :

« On a remarqué que le nombre des électeurs, qui ont pris part au scrutin pour l'élection d'un conseiller municipal dans le quartier Gaillon, a été très faible. Sur 1,735 inscrits, il n'y a eu que 820 votants ; c'est-à-dire que, dans ce quartier essentiellement conservateur, plus de la moitié des électeurs ne se sont pas donné la peine de venir déposer leur bulletin de vote dans l'urne... Il y a des choses curieuses en ce monde : la grande majorité des électeurs du quartier Gaillon appartient au parti conservateur; et cependant, pour que le candidat conservateur M. de Lassus, soit élu, il faut que le mauvais temps chasse de la campagne les habitants du quartier Gaillon et les amène à rentrer dans leurs domiciles habituels avant dimanche prochain. Alors ils feront peut-être l'effort d'aller voter pour M. de Lassus. Question de soleil et de pluie. » (*Soleil* du 8 septembre 1892.)

On sait ce qui est arrivé : le temps a été bon, et le candidat franc-maçon a été élu par un demi-millier de votants!

11.

flige aucun châtiment au citoyen qui n'accomplit pas un de ses devoirs les plus sacrés, cette impunité ne saurait exonérer un catholique, quelles que soient sa condition, sa manière de voir, son opinion politique, de le remplir, et de le remplir selon sa conscience, en choisissant des représentants honnêtes, sérieux, capables. Bon pour les athées et pour ceux qui ne font pas partie de l'Église de s'exempter de cette obligation; mais un catholique ne peut s'accorder pareille liberté, sans nuire à la religion, et sans se rendre responsable, pour une part, de tous les maux que son apathie et son indolence auront contribué à amener.

L'enseignement de l'Église est très précis à cet égard.

« Ne prendre aucune part aux affaires publi-
« ques, dit Léon XIII, serait aussi répréhensible
« que de ne vouloir apporter, au service du bien
« commun de la société, ni zèle ni amour. Et
« cette indolence et cette insouciance seraient
« d'autant plus inexplicables que, par la doc-
« trine même dont ils font profession, les catholi-
« ques sont instruits à se conduire en tout avec
« intégrité et avec loyauté. Si les catholiques
« restent oisifs, ce sont les hommes d'opinions
« incertaines ou dangereuses qui prendront les

« rênes du gouvernement. Et quel malheur alors
« pour la religion, puisque ses ennemis seraient
« à même de tout entreprendre et de tout faire,
« pendant que ses amis ne pourraient presque
« rien !

« On doit choisir, dit encore le Saint-Père,
« des hommes d'une probité éprouvée qui aient
« déjà mérité, ou qui doivent bien mériter du
« *nom chrétien*, et il n'y a *aucune raison* qui
« puisse permettre de préférer des ennemis de
« la religion. »

La voix de l'épiscopat français n'est ni moins
pressante ni moins affirmative, sur ce sujet, que
celle du Pasteur suprême. Écoutons l'archevêque
et les évêques de la province ecclésiastique d'Avignon :

« Si le devoir électoral est commun à tous les
citoyens soucieux de l'honneur et de la prospérité
du pays, à plus forte raison les électeurs catholiques sont-ils tenus, en conscience, de le remplir
avec fidélité. Qu'il s'agisse des conseils de la commune, de ceux du département ou de l'État, il
est d'une importance souveraine que chaque
électeur émette son vote, et l'émette de manière
à servir le plus utilement possible les intérêts
supérieurs du pays, du département ou de la

cité, parmi lesquels la religion tient, de droit, le premier rang.

« Aussi les théologiens estiment-ils généralement que, lorsque l'abstention des catholiques pourrait occasionner la nomination d'un candidat hostile à la foi chrétienne, ou lorsque, par la considération attachée à leur nom ou à leur situation, ils seraient capables d'exercer sur l'ensemble des votants une influence salutaire au bien public, les électeurs commettent, en ne votant pas, une faute mortelle par elle-même[1].

« Chrétiens et enfants de l'Église catholique, disait, en 1887, dans une circulaire adressée aux fidèles de son diocèse, Mgr Perraud, évêque d'Autun, il ne vous suffit pas de remplir, pour votre compte personnel, les devoirs qui découlent pour vous de ces sublimes prérogatives; vous êtes encore strictement obligés d'user de tous les moyens qui sont en votre pouvoir, et le droit électoral est un des plus efficaces, pour que la législation de votre pays soit en harmonie avec les principes de l'Évangile et avec les vérités que Dieu a daigné nous révéler.

« Si, ajoutait-il, vous croyez, sur la parole de Jésus-Christ, que le mariage est indissoluble, vous

1. *Lettre pastorale* de l'archevêque d'Avignon et des évêques de Montpellier, Valence, Viviers et Nîmes. Avril 1892.

ne pouvez pas, en conscience, investir du mandat législatif, des hommes qui introduiront ou maintiendront le divorce dans le code des lois nationales.

« Si vous estimez que la religion a sa place nécessaire dans l'œuvre de l'éducation de l'enfance, vous ne pouvez pas, en conscience, vous faire représenter au parlement par des hommes qui excluent systématiquement de l'école tout enseignement religieux.

« Si vous tenez pour vous, pour vos familles, pour vos concitoyens, à ce que le recrutement du clergé se fasse dans des conditions normales, et à ce que vos paroisses soient pourvues d'un nombre suffisant de prêtres chargés de vous donner les sacrements, de vous aider à remplir tous vos devoirs de chrétiens, il ne vous est pas permis de concourir, par vos suffrages, à l'élection de députés qui méconnaîtront ces besoins essentiels d'une nation catholique et obligeront les élèves du sanctuaire à porter les armes. »

A d'autres évêques, à des cardinaux, la gravité des circonstances a inspiré un chapitre additionnel qu'ils ont inséré dans leurs catéchismes diocésains, pour que personne ne pût, sur ce point, ignorer la saine doctrine[1].

1. Lorsqu'ils virent si nettement affirmés les devoirs qui in-

Dans celui que rédigea S. Ém. le cardinal Place, archevêque de Rennes, on lisait :

combent aux électeurs catholiques, les sectaires frémirent. Ils craignaient que la série des succès qu'ils avaient obtenus grâce aux abstentions en masse des catholiques ne fût à jamais compromise. Ils suscitèrent donc contre l'Église de France une persécution violente. Plusieurs évêques et archevêques furent déférés au conseil d'État, qui, après avoir décrété d'abus ces additions faites à divers catéchismes, les supprima et priva de leur traitement les courageux prélats qui en étaient les auteurs. Le Saint-Siège crut nécessaire d'intervenir et, par des conseils appropriés à la circonstance, il tenta d'apaiser la tempête. Un journal qui va se proclamant catholique, prit occasion de cette intervention pour accentuer sa campagne de mensonges et de calomnies contre le Chef de l'Église, en dénaturant les faits. Comme certains esprits, déroutés par la lecture de ce journal, pourraient croire que les enseignements des évêques, parce qu'ils ont été supprimés par la loi, ont perdu de leur valeur pour les consciences catholiques, et qu'on est dès lors dispensé de les suivre; comme on pourrait surtout s'imaginer que, par son intervention, le Saint-Siège a voulu en quelque sorte diminuer la portée de ces paroles autorisées, nous croyons devoir reproduire ce qu'écrivait à ce sujet l'organe officiel du Saint-Siège, l'*Osservatore Romano :*

« En raison de la persécution croissante contre l'Église, quelques prélats français, animés assurément des meilleures intentions, ont cru utile d'insérer, dans les catéchismes de leurs diocèses, des chapitres additionnels destinés à éclairer les fidèles sur les devoirs qui leur incombent, par rapport au choix des députés à l'Assemblée nationale.

« Ces suppléments sont inattaquables, si on les considère *in abstracto,* comme étant l'affirmation doctrinale d'un principe de morale, à savoir *que les catholiques sont obligés en conscience* de choisir, pour la confection de bonnes lois, des mandataires honnêtes, qui ne soient pas ennemis de la religion; aussi, non seulement le Saint-Siège n'a jamais censuré, mais même, il ne pouvait pas censurer une doctrine que, longtemps

D. — Comment obtiendrons-nous d'être gouvernés chrétiennement?

auparavant, des encycliques pontificales avaient enseignées bien plus solennellement encore. » Ce point doctrinal établi, l'*Osservatore Romano* expose les motifs qui ont déterminé le Souverain Pontife à agir comme il a cru devoir le faire : « Toutefois, dit-il, ces suppléments peuvent encore être considérés au point de vue *concret*, c'est-à-dire au point de vue de la pratique et dans le rapport qu'ils ont avec l'instruction indispensable aux fidèles. Il est clair, en effet, que l'insertion d'un chapitre sur les devoirs électoraux dans les petits livres qui constituent essentiellement un résumé des dogmes fondamentaux et des préceptes généraux de la religion catholique est, en fait, une chose secondaire, dont on pourrait à la rigueur contester la convenance. Il semble, en réalité, que ce jugement soit celui qu'en a porté la grande majorité des évêques français qui, à l'exception d'une douzaine de prélats, n'ont pas estimé qu'il fût opportun d'adopter le système des catéchismes, pour avertir les fidèles de leurs devoirs électoraux. Au sens de ces évêques, il y avait, pour instruire les catholiques, nombre d'autres moyens, qui présentaient moins d'inconvénients. Cependant le Saint-Siège n'a fait aucune observation à ce petit nombre d'évêques, qui ont cru devoir se servir de l'enseignement catéchistique, pour atteindre le but qu'ils avaient en vue.

« Or, pendant que, par des conseils tout de circonstance, et par sa haute influence, le Souverain Pontife s'efforçait de calmer tous les déchaînements, alors qu'on en était suffisamment informé, voici que furent publiés les suppléments catéchistiques électoraux de Mgr l'évêque de Périgueux, capables de réveiller les passions et de paralyser l'action modératrice du Souverain Pontife.

« C'est dans ces circonstances que, par l'intermédiaire du sous-secrétaire d'État, le Saint-Père fit savoir à cet éminent évêque, dans des termes pleins d'une paternelle bienveillance, la préoccupation que lui causait la question des catéchismes en France. Sans méconnaître le droit qu'ont les évêques d'enseigner aux âmes dont ils ont la charge toutes les parties du dogme et de la morale

R. — Nous obtiendrons d'être gouvernés chrétiennement en votant aux élections, pour des hommes résolus à défendre les intérêts de la religion et de la société.

D. — Est-ce un devoir de voter aux élections?

R. — Oui, c'est un devoir de voter aux élections.

D. — Est-ce un péché de mal voter aux élections?

R. — Oui, c'est un péché de mal voter aux élections.

D. — Qu'est-ce que mal voter aux élections?

R. — Mal voter aux élections, c'est voter pour des hommes qui ne seraient pas résolus à défendre les intérêts de la religion et de la société.

D. — Pourquoi est-ce un péché de mal voter aux élections?

chrétienne, et dans l'*unique* but de ne pas fournir d'occasion à des représailles et à des recrudescences de persécution contre la religion, il lui montrait la nécessité de ne pas toucher, dans les catéchismes diocésains, à certains points malheureusement faits pour exaspérer les ennemis de l'Église, qui ne manqueraient pas d'accuser la religion d'envahir le domaine de la politique.

« Telle est la pure vérité au sujet de l'intervention du Saint-Siège dans la querelle des catéchismes, vérité qui ne craint aucune espèce de démenti. » (5 juin 1892.)

Comme on le voit, cette intervention du Saint-Siège ne dispense aucun catholique de voter, et moins encore de bien voter, car elle ne touche pas à la doctrine, mais seulement à la manière de l'enseigner.

R. — Parce qu'on se rend responsable du mal que peut faire celui pour qui on a voté.

Après s'être servi, dans son catéchisme, des mêmes termes, Mgr l'évêque d'Orléans y ajoutait :

D. — Pourquoi est-ce un devoir de voter aux élections?

R. — C'est un devoir de voter aux élections, parce qu'en ne votant pas, on rend possible la nomination des ennemis de la religion.

Non content de proclamer à son tour l'obligation pour les catholiques de voter et de bien voter, Mgr Fava, le vaillant évêque de Grenoble, comparait l'accomplissement de ce devoir à un véritable apostolat. Voici comment il s'en expliquait :

D. — Est-ce que les élections sont un moyen d'apostolat?

R. — Oui, les élections diverses, surtout celles des députés et des sénateurs, sont un moyen puissant d'être apôtre de Jésus-Christ.

D. — Quelle en est la raison?

R. — La raison en est que les députés et les sénateurs font les lois et forment le gouvernement du pays. Si leurs lois sont conformes à la justice et respectueuses des croyances catholiques, ces lois sont bonnes; sinon elles sont injustes et impies, et le gouvernement mauvais.

D. — Que faut-il penser des électeurs qui, sciemment et le voulant, nomment des députés et sénateurs qu'ils savent devoir voter contre les croyances catholiques?

R. — Il faut penser que ces électeurs se rendent gravement coupables envers Dieu, et qu'ils sont responsables devant lui des actes mauvais que commettront les députés et sénateurs nommés par eux.

D. — Et pourquoi cela?

R. — Parce que, si les électeurs, en nommant les députés et sénateurs, n'insultent pas eux-mêmes Jésus-Christ et son Église, ils les font offenser, insulter et blasphémer par les hommes de leur choix.

D. — Mieux voudrait donc ne pas voter du tout?

R. — Puisque les élections sont un moyen d'être un apôtre de Jésus-Christ, et que, en général, il est facile de voter, il faut regarder les élections comme obligatoires devant Dieu.

D. — Que faire si aucun catholique ne se présente?

R. — Il faut s'entendre avec ses frères et amis et en choisir un.

D. — Cela coûte cher, et de diverses manières?

R. — Oui, c'est cher aussi pour les ennemis de

Dieu, et ils trouvent de l'argent, unissons-nous, nous en trouverons.

De cette doctrine de l'Église, il résulte donc évidemment que, si, par lâcheté, par indifférence ou par découragement. les catholiques laissent occuper tel ou tel siège du conseil municipal, du conseil d'arrondissement, du conseil général, de la Chambre, du Sénat, par un sectaire haineux, ou par un ambitieux incapable, ils deviennent responsables, devant Dieu et devant les hommes, de tout le mal qui peut en résulter.

Les Comités ne doivent donc rien négliger pour pénétrer les masses de ces enseignements. Ils y sont d'autant plus tenus que leurs adversaires ne reculent devant aucun moyen, pour rendre impossible au clergé l'accomplissement de sa mission.

2. — Élections municipales.

Tout en s'occupant activement des élections législatives, but principal de l'organisation des forces conservatrices, les Comités doivent aussi préparer avec le plus grand soin de bonnes élections municipales.

Ces élections ne semblent généralement pas préoccuper autant que les élections législatives, et c'est à tort, car, outre qu'elles intéressent par-

ticulièrement les libertés communales, les élections municipales sont, en somme, la préface des
élections législatives. Ayons partout des conseils
municipaux bien composés, et la Chambre et le
Sénat retrouveront bientôt une majorité conservatrice.

Voilà ce qu'il faudra tâcher de faire comprendre au peuple ; une fois cette base posée, les Comités s'efforceront de ramener les élections municipales sur un terrain franchement communal. On
emploiera conseils, journaux, brochures, conférences pour éclairer les électeurs. On leur dira
combien il leur serait nuisible de transformer en
une manifestation politique de simples élections
communales. On leur prouvera par les faits que,
pour n'avoir pas donné à ces élections l'attention
qu'elles méritent, et pour avoir voulu mêler la
politique là où elle n'avait que faire, les mairies
ont été envahies par des hommes qui, négligeant
la partie la plus essentielle et même la seule
vraie du mandat municipal, ont trouvé indigne
d'eux de gérer sérieusement les affaires de la
commune, et n'ont su que livrer aux francs-maçons
et aux juifs les enfants, les malades, les pauvres ;
par des hommes qui, loin de mettre tout leur
zèle à prendre en main les intérêts de leurs ad-
ministrés, l'ont mis à semer la discorde et la

guerre là où devraient seules régner la concorde
et la paix.

Les Comités engageront donc le peuple à faire
appel aux hommes consciencieux et intelligents,
sans aucune considération de personne ou d'opinion. Il est préférable que les ruraux choisissent
des ruraux, les citadins des citadins; trop souvent, en effet, les intérêts de la campagne sont en
opposition directe avec ceux de la ville. Mais ruraux et citadins devraient nommer des gens du
pays; tout au moins devraient-ils toujours élire
des hommes sans ambition, laborieux, honnêtes
et qui voient, dans les fonctions municipales, le
moyen, non pas de se procurer plus tard une
sinécure, mais de travailler présentement au bien
du pays.

Ce que nous disons pour les *Conseils municipaux* doit s'entendre aussi des *Conseils d'arrondissement* et des *Conseils généraux*.

Si les Comités, par une action sage et persévérante, savent prémunir le peuple contre les promesses qui ne coûtent rien, et qui procurent juste
autant d'avantages réels que certaines entreprises
dont des prospectus financiers disent merveille;
s'ils lui apprennent à distinguer de la déclama-
tion et des réclames pompeuses le langage du bon
sens, de la probité politique, de la franchise; s'ils

s'appliquent à lui bien faire comprendre que la meilleure manière de défendre son droit est de faire son devoir, on verra, en peu de temps, entrer dans les conseils électifs une forte majorité de chrétiens honnêtes, intelligents, dévoués. Et, comme ces conseils électifs nomment les délégués pour les élections sénatoriales, les Comités auront bien mérité de la religion, de l'ordre et de leur patrie, en réalisant l'amélioration de la Chambre haute du pays.

IV. — ROLE DU CLERGÉ DANS LES COMITÉS

Nous nous heurtons ici à deux opinions tout à fait contraires : l'une voudrait que le clergé se mît à la tête du mouvement dont la France sent le besoin, ou du moins qu'il y prît une part active; selon l'autre, « la France commence à en avoir assez de la République des francs-maçons. Mais elle aimerait mieux la garder que de la changer contre la République des curés [1] ».

De ces deux opinions, laquelle préférons-nous?

Une fois de plus, qu'on nous le pardonne, nous allons citer un de nos travaux déjà parus. Nous disions dans l'*Action catholique en France* :

1. H. de Kérohant, La Rép   ique des curés. *Soleil* du 8 juillet 1891.

« Lorsqu'en décembre 1890, apparut l'*Adresse de la commission permanente des archevêques et évêques d'Irlande au clergé et aux fidèles de leurs diocèses*, un des plus anciens journaux français, en la reproduisant, s'écriait : « Les Irlandais ont le droit d'être fiers de leur clergé, de ces archevêques et évêques combattant à visage découvert, avec une énergie que rien n'altère, en faveur des droits traditionnels et des libertés nationales, sans se préoccuper si les oppresseurs ont ou n'ont pas la légalité pour eux. Heureux les peuples, heureux les catholiques, qui ont à leur tête des chefs spirituels qui ne séparent pas les vertus politiques des vertus religieuses et enseignent par l'exemple la doctrine vraiment chrétienne de l'unité morale [1]. »

« Nous notons ces paroles, non pas pour relever l'allusion qu'elles renferment à l'égard de l'épiscopat français, car, si jusqu'à présent celui-ci s'est tenu à l'écart, cette ligne de conduite lui a été imposée par l'attitude des partis ; nous les notons, pour montrer quel beau rôle l'épiscopat français serait appelé à remplir, le jour où, s'inspirant des vues du Saint-Siège et des besoins de l'époque présente, il voudrait, à l'instar de l'é-

---

1. *La Gazette de France*, 7 décembre 1890.

piscopat des autres nations, se mettre à la tête du mouvement catholique.

« Pour former donc une grande *Union* ou *Association catholique nationale française*, il serait à souhaiter que l'Épiscopat français, par une *action sage et concordante* [1], prît la haute direction du mouvement catholique. Ainsi, non seulement il lui donnerait ce caractère franchement catholique et vraiment national que bien difficilement il pourrait prendre avec une direction purement laïque, mais il se conformerait pleinement aux enseignements du Saint-Père, qui a dit, qu'il faut que les forces catholiques soient disposées et concertées, non sous « la « direction d'hommes privés d'autorité, qui s'at-« tachent avant tout aux intérêts de la vie pré-« sente et aux passions de parti, mais sous la « direction de ceux que Dieu a posés en avant « pour la défense et la conservation de l'ordre « religieux et moral [2]. »

« Afin que personne ne puisse croire qu'en faisant des vœux pour que l'Épiscopat prenne la haute direction du mouvement catholique, nous voulons engager ce corps d'élite, qui, aussi bien que le clergé, représente en France la plus haute

1. Cardinal Rampolla, Lettre à l'Évêque de Saint-Flour.
2. Lettre au cardinal Benavides déjà citée.

expression de la puissance morale, dans les querelles de l'action électorale, nous aimons à citer, et pour ainsi dire à faire nôtres, les belles paroles, par lesquelles un des plus dignes et des plus vénérables évêques de France traçait récemment au clergé la ligne de conduite qu'il devait suivre en pareille circonstance.

« Le clergé doit-il voter? » Le vénérable archevêque répond :

« Citoyen, le prêtre a le même droit que ses concitoyens; et ce droit, qui n'a jamais été sérieusement contesté, reçoit de la dignité sacerdotale comme une sanction divine. Mais, reprend Sa Grandeur, «... le prêtre, ayant la plus haute des missions, parlant à la terre au nom du Ciel, enseignant ses frères, fécondant par les Sacrements leurs rapports avec Dieu et avec les hommes, doit-il entrer dans les intrigues électorales, recommander nos candidats en particulier et en public, et accentuer aux yeux de tous ses préférences ou ses antipathies? »

« Le vénérable prélat émet un avis contraire. Et, après avoir exposé dans un très beau raisonnement, que la brièveté de ces pages ne nous permet pas de reproduire tout entier, en quoi doit consister la puissance électorale du clergé, il conclut en disant :

12

« Agissons sur les hommes en les éclairant, en les édifiant; et, devenus meilleurs, ils obéiront à leur conscience, en votant pour les plus dignes. Telle est la véritable action électorale du clergé : elle n'offre aucun inconvénient, ne blesse personne et ne peut qu'être approuvée de tous; il n'y a pas un franc-maçon, pas un musulman qui ne soit obligé de l'admirer[1]. »

« Si le clergé se conforme à cet esprit de modération, nous croyons que cette ligne de conduite lui facilitera beaucoup les moyens de reprendre, dans la vie nationale, toute la part qui lui revient et que les traditions lui ont léguée.

« On voit par là que, dans l'action catholique, il y a deux parties bien distinctes et bien séparées entre elles.

« La première, c'est-à-dire l'impulsion, le mouvement catholique et sa haute direction, appartient principalement à l'épiscopat et au clergé.

« La deuxième, l'action électorale, qui pourtant est d'une importance capitale, appartient plus particulièrement à l'élément laïque.

« Nous disons *plus particulièrement* à l'élément laïque, parce que le rôle du clergé doit se borner à rappeler d'une manière générale aux catholiques qu'ils ont l'obligation de voter, qu'ils

1. De l'*Action électorale du Clergé.*

doivent « soutenir les hommes d'une probité re-
« connue, qui promettent de bien mériter de la
« cause catholique, et que, pour aucun motif, il
« ne serait permis de leur préférer des hommes
« hostiles à la religion [1] ». Les intérêts de la religion étant d'ailleurs intimement liés à ceux de la
nation, l'Église, en demandant le triomphe de la
religion, ne veut, en effet, que la gloire et la
prospérité de la patrie [2]. »

On nous permettra de ne rien changer à cette
manière de voir, d'autant que les autorités les
plus compétentes l'ont approuvée et que l'expérience l'a encore confirmée; car, qu'on le note
bien, il n'est pas question ici d'une œuvre *sociale*,
nécessitant par là même le concours assidu du
clergé, mais d'une œuvre essentiellement politique, où l'intervention du prêtre prêterait le flanc
à la critique, et peut-être à pis encore.

Et, si nous jetons un regard sur l'Association
catholique belge, qui a adopté, dans les villes, la
division des Comités par paroisses, pour faciliter
l'action du clergé, nous verrons que cette action
y est si discrète, que jamais un ecclésiastique ne
paraît dans une réunion quelque peu nombreuse
des Comités, et que, dans les campagnes mêmes,

1. Encycl. *Sapientiæ Christianæ*.
2. *L'Action catholique en France*, p. 61.

tout en entretenant des rapports constants avec les Comités ruraux, le prêtre se tient dans une prudente réserve, au point que la correspondance s'y fait presque entièrement entre laïques.

En Allemagne même, où le clergé joue un rôle bien plus accentué qu'en Belgique et en France, on remarquera qu'il s'adonne plutôt aux œuvres sociales qu'à la politique, et, si la nécessité le fait sortir parfois de cette ligne de conduite, il cherche presque toujours à écarter les questions électorales proprement dites, quoique, entouré qu'il est de protestants, sa situation soit tout autre que celle du clergé belge ou du clergé français.

Ainsi, tout en admettant que, dans certaines contrées de la France, l'intervention du clergé dans les affaires politiques et dans les questions électorales puisse être plus favorablement accueillie et mieux appréciée qu'ailleurs, nous ne pouvons néanmoins que l'engager à ne pas se départir de la tactique que nous venons d'indiquer; car, plus il montrera que son affection paternelle est acquise à tous les partis, plus son action et son influence seront estimées et recherchées.

CHAPITRE XIII.

Comités centraux des villes et Comités cantonaux.

Leur composition. — Leur fonctionnement. — Place qu'ils tiennent dans l'organisation générale.

Tous les présidents des sous-comités d'une ville et de ses faubourgs formeront le Comité central de cette ville, de même que les présidents des Comités ou sous-comités des bourgs et des petites communes d'un même canton formeront le Comité central de ce canton. L'évêque, les sénateurs et les députés conservateurs[1] de l'endroit, s'ils le désirent, peuvent faire partie de droit de ces Comités.

Comme dans les assemblées législatives, le nombre des membres du Comité doit être proportionné au nombre des habitants. On admettra aussi à faire partie de ces Comités ceux qui

1. Nous rappelons ici ce que nous avons dit, page 1, sur notre manière d'entendre le mot conservateur.

12.

auront travaillé à les constituer, ou qui auront pris une part active à leur développement. Les membres de droit auront en outre pleine liberté d'y appeler les personnes influentes de la ville ou de la région, qu'ils croient capables de rendre des services à l'œuvre, et ceux des membres honoraires à qui l'on devra de notables secours pécuniaires.

Les présidents des Comités et sous-comités locaux feront partie de droit du Comité central tant qu'ils resteront en fonction dans leurs Comités respectifs. Les autres membres, l'évêque, les sénateurs et députés exceptés, seront élus au scrutin, et pourront être renouvelés en totalité ou en partie chaque année, ou tous les trois, cinq, sept ans.

Tant que cette organisation des forces conservatrices sera en état de formation, l'élection pourra se faire par le vote des membres de droit et de ceux qu'ils se sont adjoints; mais, dès qu'on sera arrivé à un fonctionnement régulier, le droit de choisir les membres du Comité appartiendra à tous ceux qui auront donné leur nom à la ligue. Il sera bon, toutefois, de nommer, comme cela se pratique en Belgique, un certain nombre de membres inamovibles, afin de conserver les traditions.

Le bureau de direction sera élu par les membres du Comité. Lui aussi peut être renouvelé en tout ou en partie, à une époque déterminée. Cependant, lorsque les hommes déjà choisis auront fait preuve de compétence, d'habileté et d'énergie, pourquoi ne pas les laisser en fonction le plus longtemps possible? Ils auraient, de plus que les nouveaux venus, cette grande chose : l'expérience.

Lorsque rien ne s'y opposera, les Comités centraux ratifieront l'élection des bureaux des Comités et sous-comités locaux. Si, dans ces bureaux, ils trouvent un nom qui peut faire tort à la cause, ils auront toute autorité pour en demander, et même pour en imposer la radiation.

Et, qu'on veuille bien le remarquer, en investissant le Comité central de ce droit de validation, nous ne prétendons pas établir une centralisation complète, despotique et rappelant le collectivisme socialiste. En réalité, les chefs des bureaux de direction ne commandent à personne; ils restent, au contraire, à l'entière disposition de quiconque, voulant faire œuvre de salut social, a recours à leur dévouement. Mais comme ce droit de ratification est le lien qui fait de tous les Comités une même et grande famille, les bureaux de direction doivent veiller à ce qu'il soit scrupuleusement respecté, à ce que rien ne vienne troubler l'harmonie, la cohésion et la belle allure de la Ligue.

Du reste, cette dépendance, au fond si peu gênante, vis-à-vis des Comités centraux, n'aura rien qui puisse choquer ou froisser les Comités inférieurs; ils lui devront, au contraire, d'entrer de plein droit dans la grande famille, d'y trouver aide et secours en cas de besoin, et d'y puiser une force, une vitalité qu'ils n'auraient jamais, s'ils étaient abandonnés à eux-mêmes.

Disons, en terminant, que, l'action et les attributions des Comités centraux se rapprochant beaucoup de celles des Comités locaux, dont nous parlions il n'y a qu'un instant, et de celles des Comités départementaux dont nous allons nous occuper, il nous paraît inutile d'entrer, sur ce point, dans des détails qui ne seraient qu'une répétition oiseuse, et auxquels les présidents suppléeront sans peine, lorsqu'il s'agira de déterminer d'une manière précise la sphère d'action où il faudra se mouvoir.

CHAPITRE XIV.

Comités départementaux.

Tous les présidents des Comités centraux des villes et des Comités cantonaux feront partie de droit du Comité départemental, ainsi que les évêques, les sénateurs et les députés conservateurs, s'ils le désirent.

Comme pour les Comités centraux, on admettra encore dans les Comités départementaux toutes les personnes qui auront travaillé à la création de quelque Comité du département, et celles que l'on croit en situation de rendre des services à l'œuvre, soit par leur argent, soit par leur activité.

On procédera à l'élection de ces membres de

la même manière que dans les Comités centraux.

Il n'est pas nécessaire d'attendre, pour créer un Comité départemental, qu'on ait fondé partout des Comités locaux ou centraux. Dès qu'un département en possédera un certain nombre (six et huit suffisent pour commencer), les présidents devront se réunir et constituer tout de suite le Comité départemental.

Avant tout, on procédera à l'élection du bureau de direction, qui devra, autant que possible, résider dans le chef-lieu du département. On aura soin de choisir, pour ces fonctions, des hommes d'une expérience éprouvée, ayant les meilleurs rapports avec les autorités religieuses et civiles de la contrée. Pas plus que dans les Comités locaux, ces bureaux ne devront se limiter au président. vice-président, secrétaire et trésorier. Ils comprendront aussi d'autres membres du Comité, qui, par leur influence, leur connaissance des lieux et des personnes et leur activité, peuvent être utiles à la cause.

Dès que l'Association ou Ligue sera régulièrement organisée, on pourra procéder à l'élection des Comités départementaux, de la manière que nous avons indiquée pour les Comités centraux.

Le Comité départemental doit faire, dans un

département, ce que le Grand Comité central de Paris fait dans la France entière. Ainsi que nous l'avons dit pour les Comités centraux des villes, à l'égard des Comités locaux, le Comité départemental doit ratifier l'élection des bureaux de direction des Comités centraux de son département.

Les Comités départementaux tiendront, s'il est possible, une réunion plénière tous les mois, au moins tous les trois mois, s'ils ne peuvent faire plus. Dans ce dernier cas, il sera bon qu'ils se fassent adresser, chaque mois, par les Comités centraux des villes et comités cantonaux, un rapport circonstancié de ce qui s'est passé pendant ce temps au Comité, rapport qui devra surtout signaler ce qui pourrait nécessiter un concours spécial ou un avis du Comité départemental.

Mais, qu'on nous pardonne de le faire remarquer, la persévérance est ici indispensable; comme nous traversons une époque de transition, comme la société se trouve en face de problèmes nouveaux, il faut dès lors que ceux-là se réunissent souvent, que ceux-là discutent entre eux les questions pendantes, qui ont à la fois compétence, influence, énergie, lumières et dévouement. Laisser après quelque temps, comme il n'arrive que trop souvent, toute la besogne à des secrétaires, ce serait négliger d'accomplir une partie notable du bien qu'on se propose.

Il y aurait prétention de notre part à tracer un programme aux Comités départementaux, composés, nous l'avons dit, de gens de condition et de grande expérience. Nous prendrons cependant la liberté d'appeler leur attention sur quelques points essentiels qui peuvent leur faciliter beaucoup la tâche.

Le Comité départemental, dès qu'il sera constitué, s'efforcera d'étendre l'organisation à tout le département, si elle n'y existe pas encore; à lui donner, si elle existe, une impulsion vigoureuse, en créant toutes les institutions que notre époque nécessite.

Le Congrès des socialistes allemands réuni à Cologne en octobre 1893 s'est occupé tout particulièrement de la propagande par la presse. Il a étudié les meilleurs moyens de procurer à la jeunesse une *bonne littérature* socialiste; il a décidé, en outre, la fondation d'un organe officiel hebdomadaire, qui contiendra un aperçu des progrès politiques du parti, des articles scientifiques, d'intéressantes correspondances de l'étranger, et il a invité la direction du parti à entreprendre la publication de brochures de circonstance. Voilà des résolutions que les Comités départementaux devraient prendre à leur tour et mettre en pratique.

Pour se faire une idée exacte des mesures qu'il y aurait à adopter au sujet de la presse de tout le département, le Comité départemental devrait demander à tous les Comités centraux un rapport exact sur l'opinion des journaux, leur nombre, leur importance, dans leurs localités respectives, avec des indications spéciales sur l'état des esprits, sur la classe qui fournit la majorité des lecteurs, sur la mesure dans laquelle les bons journaux répondent aux besoins du moment, et sur ce qu'il y aurait à faire, sous ce rapport, pour assurer le premier rang à la presse conservatrice.

Après s'être ainsi rendu compte des besoins du département, le Comité devrait étudier s'il n'y aurait pas lieu de créer un organe populaire, d'une rédaction saine et robuste, s'occupant surtout des intérêts des classes laborieuses, du commerce, de l'industrie, et parfaitement renseigné sur les événements de la région et d'ailleurs. Pour s'insinuer plus facilement parmi les adversaires et les indifférents, cette feuille pourrait d'abord, dans certains départements, n'avoir pas un caractère catholique fortement prononcé. Hélas! que de journaux fort bien rédigés sont très peu lus, parce qu'on les sait catholiques. Pas de feuilles endormantes ; des journaux vivants, alertes, intéressants. Que n'avons-nous, au service des idées conservatrices, des feuilles comme l'*Éclair*, le *Petit Journal*, le *Petit Marseillais*, ou bien le *Het Volk* et le *Bien du peuple*, les vaillants organes « démocratiques chrétiens » de la Belgique ?

Si chaque Comité parvenait à fonder dans son département un journal de ce genre, on aurait déjà fait un grand pas. La chose d'ailleurs ne serait pas si difficile ; car, à parler franc, est-il bien malaisé de trouver, dans tout un département, deux ou trois cents personnes disposées à verser 250, 500, 1000 francs pour fonder un journal par actions comme le *Figaro*, le *Petit Journal*, etc., ou une association analogue à l'association des journaux républicains de Paris ? A notre avis, cette idée est d'autant plus réalisable que, si par leur esprit, par leur actualité, par leur rédaction, ces journaux savent s'imposer à l'opinion publique, au bout de quelque temps, ils pourront distribuer aux actionnaires des dividendes raisonnables. Dans les départements où ne se ferait pas sentir le besoin d'un nouvel organe, parce qu'il en existerait déjà d'excellents, comme le *Bordeaux-Journal*, le *Messager de Tou-*

louse, etc., les Comités pourraient s'employer à procurer à ces feuilles une popularité de plus en plus considérable.

Le Comité départemental devrait encore s'occuper de répandre à profusion et gratuitement les bons journaux dans les contrées houillères et manufacturières, ainsi que dans les campagnes où l'agitation socialiste bat son plein.

Le congrès socialiste de Cologne, dont nous venons de parler, invitait la direction du parti à étudier s'il ne serait pas possible d'envoyer d'habiles orateurs dans les districts catholiques d'Alsace-Lorraine et de Westphalie. Nous rappelons ce vœu uniquement pour faire remarquer que, si les socialistes recourent à ce moyen pour entamer des pays qui jusqu'à présent se sont montrés rebelles à leur propagande, à plus forte raison devons-nous nous en servir pour combattre les progrès du socialisme et de nos autres ennemis.

Dans presque tous les Congrès, et notamment dans celui des cercles catholiques d'ouvriers, tenu à Bordeaux en 1892, on a insisté sur l'utilité et les avantages des réunions et des conférences populaires, de sorte que nous ne croyons pas devoir nous y arrêter davantage. Seulement, nous appelons l'attention des Comités départementaux

sur le bien qu'ils pourraient faire à la cause politique surtout, en fondant, dans chaque département, des *Ligues de Propagande*, à l'instar de
celle fondée à Paris, par M. le comte Albert de
Mun, dans le but de créer une pépinière de jeunes orateurs, que l'on pourrait envoyer de temps
à autre dans toutes les localités. On pourrait
même se mettre d'accord avec l'illustre champion
catholique, qui serait heureux d'envoyer ses jeunes légions sur tous les points de la France.

En rappelant au Congrès de Limoges (février
1892) que les riches qui méconnaissent leur rôle
social encourent une effroyable responsabilité,
M. le comte de Foucauld disait : « Si la classe dite
dirigeante n'a plus guère d'influence sur le peuple,
ce n'est pas que sa place lui ait été ravie, c'est
qu'elle l'a abandonnée, et elle devrait essayer de
la reprendre. » Personne ne contestera, en effet,
que si, à quelques exceptions près, la classe aisée donne généreusement son argent, elle est
avare de son temps et de sa peine. Or, en insti-
tuant, dans leurs départements, des *Sections
d'œuvres chrétiennes et ouvrières et des Ligues de
propagande*, les Comités offriraient aux fils des
grandes races l'occasion de ne point rester « per-
chés immobiles et dédaigneux sur leur arbre
généalogique, » et de recouvrer, par leur travail

et leur dévouement, cette influence que leurs pères ont perdue.

Bien que cela nous éloigne de notre sujet, nous ne pouvons nous refuser de toucher ici à une question, la plus grave peut-être, au triple point de vue de la morale, du patriotisme et de l'intérêt social, nous voulons dire, à la question de la *Dépopulation en France*.

Le fait brutal a été exposé en ces termes par M. Gerville-Réache.

« Au commencement du siècle, nous étions, comme nombre, à la tête des populations européennes; nous ne sommes plus qu'à la queue aujourd'hui... Cette dépopulation continue avec une progression telle, depuis le commencement du siècle, qu'elle doit être une des préoccupations les plus douloureuses du patriotisme français... »

Et après avoir montré, chiffres en main, cette progression décroissante, M. Gerville-Réache ajoute : « Et voici que la plus récente statistique sur le mouvement de la population de la France nous apprend que les décès dépassent les naissances de 38,446 unités en 1890, de 10,505 en 1891, de 20,041 en 1892.

« Le danger est si grand pour nous, qu'un député allemand disait à la tribune du Reichstag, lors de la discussion d'un projet de crédit militaire, à l'occasion duquel on mettait la France en avant pour effrayer les députés et les amener à voter, il disait à ses collègues : « Ne vous occupez pas tant que cela de la France, elle perd une bataille tous les ans. »

Ce lamentable état de choses, à quelle cause l'attribuer? D'abord, à l'affaiblissement de l'esprit religieux dans les masses. Les mêmes statistiques nous prouvent en effet que dans les provinces où la foi chrétienne est restée vive, les mariages sont bien plus nombreux et plus féconds qu'ailleurs. Mais parmi les nombreuses autres causes qui ont leur grande part de responsabilité dans ce *péché national*, qu'on nous permette d'en signaler une, la plus honteuse peut-être de toutes, nous voulons dire l'amour excessif du bien-être, le désir d'avoir de l'argent à prodiguer, l'horreur de se dévouer, de retrancher quelque chose à son luxe et à ses dépenses, et qui porte à se défier de la fécondité. Et plus bas, dans l'échelle sociale, signalons aussi la peur de la misère qui a rendu le paysan « jadis si prolifique, maître dans le calcul de la limitation volontaire », ainsi que l'affirmait M. E. Le Roy.

Les Comités feraient donc œuvre saine et patriotique d'enlever à ces calculs égoïstes tout prétexte plausible et toute ombre d'excuse.

On devrait à cet effet fonder des *Caisses en*

faveur des familles nombreuses, ayant soin cependant d'ôter à cette mesure de prévoyance tout caractère de secours donné par charité. Cette rémunération serait comme une prime, ou comme un droit que la société donne aux pères qui ont une famille nombreuse, en reconnaissance du grand bien qu'ils procurent à la religion et à la patrie en leur donnant de nouveaux enfants.

Il faudrait de plus, pour que cette mesure produise tout le bien qu'on serait en droit d'en attendre, que cette rémunération fût majorée en proportion du nombre des enfants que compte la famille. Si, par exemple, la Caisse accorde pour un quatrième enfant 1 franc 50 centimes par jour, elle en accordera 2 pour un cinquième, outre ce qu'elle allouait déjà pour le quatrième : pour un sixième elle donnera 2 francs 50, toujours en plus des 3 francs 50 auxquels le père avait droit auparavant pour les quatrième et cinquième.

Lorsqu'on aura réussi par ce moyen à combattre efficacement le mal sur le terrain de l'intérêt, on en viendra facilement à bout sur le terrain même du vice.

Les Comités n'auraient pas grand'peine à se procurer les fonds nécessaires. En outre des cotisations volontaires, des dons spontanés, ils pourraient affecter à ce chef une partie des bénéfices des banques populaires, des sociétés coopératives, etc.; et, si cela ne suffisait pas, ils pourraient sans trop de difficultés s'assurer le concours des Conseils municipaux et même du Gouvernement, qui ne pourraient se refuser à contribuer pour leur part à une œuvre si patriotique.

Un autre point encore mérite, entre tous, la sollicitude des Comités départementaux.

D'après les renseignements fournis au Congrès socialiste de Marseille, il y a environ trois mille localités rurales où le socialisme est organisé. D'autre part, M. Millerand, député socialiste, ne craignait pas, au lendemain de son élection, de proférer cette bravade : « Nous irons dans les villes et dans les campagnes semer les idées socialistes, préparant ainsi les élections prochaines par une propagande de tous les instants et dans tous les lieux. »

M. Guesde, le leader du parti ouvrier, disait à son tour : « Les paysans ont droit, comme les autres travailleurs, à tout notre dévouement. Pour les petits *propriétaires*, nous demanderons le dégrèvement de la propriété foncière. Ce qui tue l'agriculture, c'est l'intermédiaire. On tâchera de créer, entre les producteurs agricoles ruraux et les consommateurs urbains, des intermédiaires gratuits qui pourront être... les municipalités socialistes, de plus en plus nombreuses dans les grandes villes. »

On le voit, « depuis quelque temps, les radicaux socialistes se sont faits bergers. Ils cherchent à conquérir les suffrages des paysans, qu'ils
appelaient naguère, avec dédain, — ruraux. —
Ils n'ont pas pour cela changé complètement de
manière, puisqu'ils promettent toujours le bien
d'autrui; mais ils ont pris la houlette et ne par-
lent plus de l'homme des champs qu'avec une
sympathique émotion. Ils ont senti que ce qu'ils
nomment aujourd'hui — la démocratie rurale —
représentait les plus gros bataillons électoraux,
et qu'il ne fallait . en négliger pour amener à
eux ces troupes[1]. »

Aussi nous ne pouvons qu'adjurer les Comités
départementaux d'imiter le zèle des socialistes à
s'attirer ces masses, et cela pour une double raison : avant tout, parce que, si les forces conservatrices arrivent à établir leur prépondérance
dans les campagnes, quel que puisse être d'ailleurs le résultat dans les villes, ils auront aux
prochaines élections gain de cause. Ensuite, parce
que le tempérament de l'ouvrier des champs n'est
pas si réfractaire qu'on veut bien le dire aux uto-
pies socialistes; ces trois mille localités rurales,
où le socialisme est organisé, en fournissent la
preuve évidente. Et il faut combattre le péril so-

1. *Journal des Débats,* 13 avril 1893.

18.

cialiste partout où il apparaît, il faut le combattre à tout prix et de toutes nos armes.

Il ne nous appartient pas d'apprendre aux Comités quels moyens ils auront à mettre en œuvre pour atteindre ce double but. Au jugement des hommes compétents, les meilleurs sont ces œuvres ouvrières dont nous avons déjà entretenu nos lecteurs. Ainsi, pour ne citer qu'un témoignage, M. Schaefflé[1], ancien ministre d'Autriche, dont l'expérience en ces matières fait autorité, parle comme il suit des œuvres et de leur salutaire efficacité :

« Qu'on crée des assurances contre les accidents, la vieillesse et les maladies ; qu'on lutte contre la fatalité du chômage par des associations de secours mutuel ; mais surtout, si on veut lutter efficacement contre le fait socialiste-démocrate, qu'on conserve avec soi le paysan, car le paysan est propriétaire et ouvrier à la fois. En dehors des avantages matériels dont il jouit, le paysan s'at-

---

1. M. Schaefflé est cet ancien ministre du commerce et de l'agriculture qui publia, en 1874, après plusieurs autres volumes d'économie politique, la *Quintessence du Socialisme*, petit ouvrage, — traduit par M. Benoît Malon, — qui résume très clairement les théories collectivistes, et dont le succès fut considérable. Dans son avant-propos, M. Benoît Malon parle de la conversion de M. Schaefflé au socialisme, comme d'un fait accompli ; mais on sait à quoi s'en tenir sur cette facétie. (*Figaro* du 25 octobre 1892.)

tache à la terre, il l'aime pour elle. Le seul mal qui atteigne cette forme de propriété est l'endettement... C'est un mal très dangereux... car, une fois le paysan dépossédé de sa terre, il devient un ouvrier comme un autre, et la proie des socialistes. Il faut empêcher cela... Et c'est si facile! Constituer toutes les petites propriétés de paysans en associations syndicales de provinces, qui jouiront du privilège exclusif du crédit hypothécaire, avec la restriction de ne pouvoir accorder de prêt, en cas d'achat comme en cas d'héritage, que jusqu'à concurrence d'une certaine partie de la valeur productive de la terre. Et c'est tout. On aura ainsi formé, pour toujours, une classe de petits propriétaires, qui seront la digue la plus solide contre l'envahissement collectiviste; ce sera l'armée sûre par excellence, les champions inébranlables d'une économie politique véritablement individualiste, partisans éternels de l'autorité de l'État et de l'Église. »

Et de fait, s'ils savent étendre à la campagne les diverses œuvres ouvrières dont nous avons parlé, les Comités départementaux rendront le bien-être à ceux qui travaillent la terre; ils ramèneront le paysan au sol en lui en assurant la propriété, en le mettant à l'abri de la spéculation et de l'usure, en surveillant les cabarets, et surtout en organisant syndicats agricoles, sociétés de secours, caisses de retraite, banques populaires, enfin toutes les institutions de prévoyance qui peuvent montrer aux classes rurales quelle sollicitude pour les humbles la religion inspire aux chrétiens qui ont quelque souci de lui obéir.

Que les Comités départementaux demandent donc à chaque Comité central un rapport détaillé de toutes les œuvres ouvrières qui existent dans la contrée, et de celles qu'il serait opportun d'y établir; qu'ils s'assurent des moyens que ces Comités ont à leur disposition pour les entretenir; qu'on supplée, en cas de besoin, à l'insuffisance des ressources; qu'on développe les œuvres créées; qu'on en fonde de nouvelles. On réussira ainsi à combattre l'influence socialiste et à s'assurer les voix de la classe la plus nombreuse du pays.

CHAPITRE XV.

Grand Comité central de Paris.

Place qu'il occupe dans notre plan d'organisation. — Sa composition. — Bureau de direction. — Ses attributions.

Le Grand Comité central de Paris est, pour ainsi, dire, le foyer de l'action, le point d'où doit rayonner l'inspiration et où doivent revenir toutes les initiatives. Sa fonction spéciale est de concentrer dans un but et dans un rayon nettement déterminés, de seconder et de rendre féconds, en leur donnant un point d'appui commun, tous les efforts individuels ou collectifs. Par lui, tous les hommes de bonne volonté peuvent se connaître, se communiquer leurs idées, leurs méthodes et les résultats obtenus; par lui, l'union s'établit grande, robuste, indissoluble. En composant ainsi comme un seul faisceau de toutes les forces agissantes du pays, le Grand Comité central centuplera ces forces et les rendra aussi redoutables dans l'attaque qu'invulnérables dans la défense.

Tous les présidents des Comités départementaux feront partie de droit du Grand Comité central de Paris. Les ÉÉm. Cardinaux de France y seront aussi admis de droit, s'ils le désirent.

Outre ces membres de droit, il y en aura encore un certain nombre d'autres qui seront élus soit par les membres de droit, soit par les Comités départementaux, soit enfin par les Comités départementaux, centraux et locaux réunis. On se rendra facilement compte que cette restriction apparente du suffrage n'est pas autre chose qu'une simplification, puisqu'il serait inutile de chercher en dehors des corps électeurs des hommes plus dignes que ceux déjà choisis par la généralité. C'est donc affaire aux Comités locaux et départementaux de choisir les meilleurs parmi leurs membres, et de les envoyer siéger dans ce grand sénat de tous les gens de bien.

Lorsque, à leur retour de Rome, Pyrrhus demanda aux ambassadeurs qu'il y avait envoyés ce qu'ils avaient vu de plus étonnant dans cette étonnante ville, ils répondirent : « Nous y avons vu trois cents sénateurs dignes de commander au monde. » Tel doit être le grand conseil que ses fonctions appellent à gouverner les forces conservatrices de la France.

Pour l'élection du bureau de direction, nous ne pouvons que répéter ce que nous avons dit sur l'élection des bureaux des autres Comités. Nous recommandons seulement aux électeurs de ne pas se laisser influencer, dans le choix des titulaires, par des considérations de personne ou de parti. Il ne s'agit point ici des intérêts d'une ville ou d'un département, mais des intérêts de la France entière. Il faut donc choisir des hommes d'un caractère actif et inébranlable, des hommes ayant fait preuve de sagesse, d'habileté et qui s'imposent à l'estime publique, des hommes au coup d'œil sûr et rapide que ne font reculer ni les obstacles ni les sacrifices reconnus nécessaires.

Ce bureau aura à ratifier l'élection des bureaux des Comités départementaux. Il aura aussi à statuer sur toutes les questions se rattachant à l'organisation générale et sur tous les différends qui peuvent surgir de Comité à Comité. Si le différend est d'une certaine gravité, le bureau en fera une question de principe, et en référera au Comité en séance plénière.

Le Grand Comité central de Paris constituant

l'élite de ceux qui veulent agir et bien agir en France, on pourrait nous taxer de témérité, si nous nous attardions un seul instant à arrêter son attention sur tel ou tel article d'un programme quelconque. Il pourra d'ailleurs se faire exactement renseigner par des rapports trimestriels détaillés, ou même des rapports extraordinaires, si les circonstances l'exigent, sur les progrès réalisés ou les difficultés à vaincre. Il verra ainsi tout de suite quels sont, en dehors de son action générale, les points de la France qui restent réfractaires à l'influence de l'Association et réclament particulièrement sa sollicitude.

CHAPITRE XVI.

Action des Comités en temps de lutte.

Ce que font, en temps de lutte, les Comités locaux, les sous-
comités, les Comités centraux et départementaux : propagande, choix des candidatures. — Ce que fait, à son tour, le
Grand Comité central de Paris.

Jusqu'à présent, nous n'avons parlé que de
l'action des Comités et des sections en temps de
paix. Nous avons dit ce qu'à notre avis il y avait
à faire pour imprimer à l'idée conservatrice une
marche constante et progressive. Nous essayerons
maintenant de tracer une ligne de conduite pour
le temps de lutte, c'est-à-dire pour les cinq ou six
mois qui précèdent les élections.

Chaque Comité ou sous-comité local se prépa-
rera à la bataille en adressant à son Comité central un rapport exact sur le nombre des électeurs
qui lui sont favorables, sur les adversaires et sur
l'élément flottant. Il y joindra un résumé bien
détaillé sur l'état général de la localité. Puis
tous les présidents de ces Comités tiendront une

ou plusieurs réunions plénières au siège du Comité central, pour étudier ensemble la situation et rechercher les moyens les plus efficaces d'obtenir le meilleur résultat possible. Après cela, les Comités locaux commenceront, pour ainsi dire, à mobiliser leurs forces. Ils se subdiviseront en sections aussi nombreuses que les besoins le demanderont, afin que chacun des leurs fasse tout son devoir, et surtout qu'il s'assure le plus grand nombre possible de voix indécises ou indifférentes.

A cet effet, non seulement ils devront mettre à contribution leurs membres honoraires, mais ils devront aussi faire appel à la jeunesse. Nous avons vu, aux pages 26, 27, 28, 29, 30, ce que font les catholiques belges en cette circonstance; nous avons vu qu'ils n'épargnent ni fatigue ni argent. En France, il faut faire plus et mieux qu'eux. Ils ne voyaient en jeu, nous l'avons dit, que leurs intérêts religieux; pour la France, il s'agit à la fois de la religion et de l'avenir de la patrie.

Les présidents de tous les Comités centraux devront, à leur tour, se réunir en séance plénière, chacun dans le chef-lieu de son département.

Ils savent le nombre des électeurs qui sont pour ou contre eux et le nombre des indécis; ils savent donc qu'ici ils auront la victoire, que là il faudra

lutter, qu'ailleurs ils ne réuniront qu'une minorité
plus ou moins imposante. Ils auront donc les données du problème à résoudre. Ils étudieront ensemble les mesures les plus propres à améliorer
la situation générale et particulière de chaque
contrée. Tant que le parti ne sera pas parfaitement discipliné, ils s'ingénieront à faire sentir à
tout le monde l'importance du devoir électoral.
Ils pourront faire imprimer et distribuer gratuitement par milliers de petits catéchismes électoraux, portant les décisions du Pape et de l'épiscopat français sur ce sujet. Ils organiseront, dans
les villes et dans les campagnes, des meetings,
des conférences, créeront, pour la circonstance,
de nouveaux journaux, des almanachs, des publications populaires, qu'ils enverront, gratuitement aussi, aux hommes de travail, et ils diri-
geront de préférence leurs efforts sur les points
où le succès leur paraît douteux.

Si les Comités départementaux s'aperçoivent
qu'en dépit de tout, dans tel ou tel endroit, l'issue de la bataille reste incertaine, ils cherche-
ront à faire un compromis avec d'autres partis;
ils viseront à faire entrer dans les listes un nombre de leurs amis proportionné à leurs forces;
ils pourraient, pour cela, aller jusqu'à appuyer
de leur influence le candidat adversaire offrant

le plus de garanties pour la défense des idées religieuses et conservatrices.

Il appartiendrait encore, à notre avis, aux Comités départementaux de choisir les candidatures à poser dans le département. Connaissant les
besoins de chaque région, la popularité, l'estime
dont jouissent certaines personnalités du lieu,
et l'influence qu'elles y exercent dans les affaires et dans le monde, ils pourraient choisir,
mieux que personne, des hommes s'imposant à
l'opinion publique, au point de rendre impossible
toute autre candidature. Il va sans dire que, dans
ce choix, ils ne devront se laisser influencer par
aucun esprit de parti, par aucune question personnelle. Toutefois, nous serions d'avis que les
Comités départementaux ne prissent aucune détermination définitive en ce sens, avant de s'être
mis d'accord avec le Grand Comité central de
Paris.

Le Grand Comité central de Paris tiendra, à son
tour, une ou plusieurs séances plénières, pour
dresser le plan de campagne, diriger l'ensemble
des opérations, et répandre dans la France entière ce souffle qui poussera tout le monde à faire
généreusement son devoir, tout son devoir.

Il choisira d'éloquents orateurs et les enverra

sur tous les points du pays, et de préférence dans les régions les plus menacées, afin que, nouveaux O'Connells, nouveaux Windthorsts, par leur parole enflammée et persuasive, ils fassent vibrer l'âme des foules même les plus hostiles et les entraînent à leur suite.

Il devrait aussi, par une propagande prudente et sage, répandre à profusion affiches, brochures et journaux appropriés aux mœurs de chaque région. Ces publications apprendraient aux masses le bien fait au pays par les forces conservatrices, les intérêts qu'elles veulent défendre, le programme qu'elles se proposent de faire adopter, programme qui comprendrait les revendications légitimes des ouvriers et la défense des intérêts locaux.

Nous croyons encore que le Grand Comité central de Paris devrait s'occuper, d'une manière toute particulière, des candidatures à poser dans toute la France. Parfaitement renseigné sur celles que lancent les adversaires, connaissant les besoins de chaque contrée, l'esprit de ses habitants, le mérite de chaque candidat, il pourrait mieux juger que tout Comité local ou départemental des chances que celui-ci aurait, de plus que tel autre, de battre son adversaire, dans cette circonscription plutôt que dans celle-là.

Comme on le voit, nous nous sommes contenté d'indiquer quelques-uns des nombreux moyens qu'ont les Comités de mener à bien les élections. Nous n'insisterons pas, pour ne pas entraver leur action.

Il est bien entendu que ce que nous disons pour les élections générales doit être appliqué à toute élection partielle qui se produit sur un point de la France, que cette élection soit sénatoriale, législative, départementale ou municipale.

CHAPITRE XVII.

Avantages de cette organisation.

Cette organisation fait entrer en activité toutes les forces conservatrices; elle les centuple en les unissant. — Elle oblige les partis ennemis à compter avec les forces conservatrices. — Elle suscite des candidatures conservatrices dans des circonscriptions où elles étaient depuis longtemps inconnues. — Elle peut empêcher le vote ou la mise à exécution de mauvaises lois. — Elle est une digue puissante opposée au socialisme.

Après avoir montré la nécessité de l'organisation, après avoir dit de quelle manière il conviendrait de s'organiser, nous énumérerons en quelques mots les avantages que peuvent retirer, de l'organisation que nous avons décrite, les hommes de dévouement qui veulent se consacrer au relèvement moral et politique de leur patrie.

Le premier de ces avantages, c'est de faire sortir toutes les énergies de cet état de discussion pure où l'on piétine depuis longtemps, et de les mettre en activité, condition indispensable pour produire un travail utile; c'est aussi de rendre plus puissantes et de multiplier sans limites, en les unissant, les forces isolées.

Un second avantage, c'est de rendre tous les hommes de bien conscients de leur force, de relever le moral des masses et de doubler leur courage. Par cette organisation grandiose, nous pourrons forcer nos adversaires à faire cas de nous, à ne plus nous traiter en parias, à respecter nos droits et nos libertés, et enfin, au temps des élections, à compter avec nous, ce qui nous permettra d'obtenir au moins des compromis avantageux.

Et, puisqu'on voit que, dans certaines circonscriptions inféodées depuis de longues années aux radicaux ou aux socialistes, on ne peut obtenir des résultats par une action ouverte, qu'on recoure à l'organisation qui nous donne les moyens d'y arriver par des voies détournées, mais sûres, et d'obtenir quand même des succès inespérés.

L'organisation telle que nous l'entendons aura en outre l'avantage très appréciable de nous faire faire enfin acte de présence dans ces nombreuses circonscriptions qui, depuis longtemps, ne voient plus surgir de candidatures conservatrices; et, si d'abord nous y subissons des échecs, il y a, du moins, lieu d'espérer que, par l'action constante et progressive des Comités et de leurs sections, nous obligerons en peu de temps nos adversaires à nous traiter d'égal à égal, jusqu'au jour où nous pourrons établir définitivement notre prépondérance là même où jadis nous étions toujours vaincus.

Lorsqu'on se trouve en présence de ces lois ou projets de loi contre lesquels le bon sens, la conscience, l'opinion publique se révoltent, et qui nuisent au bien-être du peuple ou à sa liberté, on peut, par l'organisation, empêcher que les projets ne soient adoptés ou que les lois ne soient exécutées, tout au moins qu'elles ne soient pas exécutées en toute rigueur. Admettons, par exemple, pour ne point parler ici de ces lois scolaire et militaire qui ont ému si vivement l'opinion publique, admettons que les classes conservatrices, fatiguées des lois électorales existantes et désirant y apporter des modifications plus conformes à la justice et à l'esprit des temps, veuillent changer le système des candidatures uniques, pour lui substituer le scrutin de liste et la représentation des minorités. Avec l'organisation, la chose devient des plus faciles. Le Grand Comité central de Paris peut, en moins de vingt-quatre heures, prévenir tous les Comités départementaux; ceux-ci, les Comités centraux, qui préviendront à leur tour les Comités locaux et sous-comités, et presque immédiatement la presse bien pensante ouvre dans toute la France une campagne vigoureuse. Une fois les esprits préparés, *chauffés*, devrions-nous dire, on pourra, sans jamais sortir de la légalité, tenir des meetings, faire des démonstrations publiques, des pétitions générales sur tous les points du territoire, en un mot, créer une agitation telle que les pouvoirs publics seront forcés d'écouter les vœux du pays. Peut-on, dans l'état actuel, faire rien de semblable?

Aujourd'hui surtout que les regards des chefs de parti, aussi bien que ceux des législateurs et des hommes d'État, se fixent avec une inquiétude croissante sur le monde du travail, devenu la proie des meneurs et des agitateurs de profession; en présence de ce danger imminent qui menace la société civilisée, quels avantages ne retirerait-on pas de cette organisation des forces conservatrices? Non seulement elle pourrait aller au-devant des revendications ouvrières légitimes, et améliorer, soit par les innombrables moyens dont nous avons parlé au Chapitre xii, soit par une sage et équitable législation, la condition et le sort des travailleurs et des malheureux, mais elle pourrait opposer une digue infranchissable à l'envahissement de cette marée montante qu'on appelle le socialisme.

Il serait trop long d'achever cette énumération, pourtant fort incomplète, de tous les services que cette organisation des forces conservatrices serait à même de rendre au pays. Nous nous bornerons à conclure en disant que cette organisation peut changer, en quelques années, la face de la France, lui rendre son ancien prestige, et l'aider puissamment à reprendre, parmi les puissances de l'Europe, le rang que la Providence et les siècles lui ont donné. Elle peut faire renaître dans tous les cœurs la confiance, la grande et noble confiance ; « non pas, pour le dire avec un écrivain de marque qui a consacré tous ses talents et toute sa fortune à défendre la cause du bien, non pas cette confiance basée sur la molle espérance des cœurs égoïstes, paresseux et lâches, qui se dispensent de tout effort vigoureux et persévérant, qui veulent récolter sans semer et vaincre sans combattre, mais cette confiance qui constitue la foi généreuse d'une armée au cœur robuste, le matin de la bataille, quand elle se sent assurée de la victoire, parce qu'elle est disposée et résolue à tout faire pour vaincre[1]. »

1. M. Ferdinand Levé, *Le Monde* du 5 septembre 1893.

CHAPITRE XVIII.

Conclusion.

Contre le plan d'organisation que nous venons de tracer, des objections seront certainement soulevées. On en soulève toujours contre les innovations, si légitimes soient-elles, et jamais la routine ne consent à avouer son impuissance, quelque douloureuses leçons que l'expérience lui ait données.

« Ce qui a pu se faire en Allemagne et en Belgique ne peut se faire en France : » voilà sans doute l'*indiscutable* axiome derrière lequel se retrancheront ceux qui ne veulent jamais agir tout en voulant toujours se plaindre; ceux qui comptent que des discours, des programmes suffisent à produire des mouvements miraculeux, des poussées gigantesques; ceux qui ne trouvent à opposer à des lois injustes que des protestations platoniques ou des polémiques irritantes, dont le seul résultat est de diviser plus profondément les catholiques et d'exciter davantage les ennemis contre la religion.

Mais, nous l'espérons, toute autre sera l'appréciation des esprits éclairés qui savent quelles conditions nouvelles la société moderne a faites à la famille et à l'individu. Ils savent, eux, que la division, la confusion règnent dans les esprits; que des préjugés, absurdes sans doute, mais hélas! tenaces, se sont amassés contre l'Église; que d'ardentes passions couvent au sein des masses prêtes à éclater au premier moment; que de déplorables ruines matérielles s'ajoutent à des ruines morales plus déplorables encore, conséquence rigoureuse et juste châtiment de lois, d'institutions, de mœurs antichrétiennes, châtiment aussi de l'indolence coupable que les catholiques ont à se reprocher. Ils comprennent que tout cela appelle, demande, exige, de la part des forces conservatrices, de nouvelles formes d'action et d'organisation, et que, tandis que les forces du mal se concentrent et se liguent, les forces du bien doivent se liguer et se concentrer aussi, si elles ne veulent pas demeurer à la merci d'une poignée d'audacieux et d'une misérable politique de bascule. Ils comprennent qu'il est grand temps pour les forces conservatrices de renoncer à des divisions devenues proverbiales, de se ressaisir et de conquérir cette puissance que donne l'union. Ils comprennent, enfin, qu'en présence des attentats commis contre l'Église, aucun catholique n'a le droit de rester inactif, et que le mieux est de suivre docilement les enseignements de Léon XIII.

Certes, il est beau, il est même nécessaire de protester contre toutes les lois scélérates qui entravent la liberté de l'Église ou qui méconnaissent ses droits; mais mieux vaut encore agir pour les faire rapporter[1].

1. Nous venons d'en avoir une nouvelle preuve à l'heure même où ces lignes allaient être imprimées.

Personne n'ignore la campagne très vive que depuis plusieurs mois on mène contre la nouvelle loi qui regarde les Conseils de Fabrique. Sans vouloir juger ici cette loi elle-même, qu'il nous soit permis de demander à quoi a servi cette levée de boucliers? Non seulement on n'est arrivé par elle ni à faire rapporter ni à modifier cette loi; mais au contraire on n'a abouti qu'à la faire appliquer avec plus de rigueur, à provoquer des poursuites, à compromettre, peut-être, les heureux résultats qui avaient été obtenus et dont nous avons parlé au cours de ce travail. L'issue de la campagne eût été bien différente si l'on avait employé tout ce zèle à amener l'union tant souhaitée par Léon XIII et à pousser tous les hommes de bien à s'organiser. Les catholiques et les modérés seraient bien plus nombreux à la Chambre, et ils se seraient trouvés en mesure, sinon de faire rapporter la loi, du moins d'empêcher le gouvernement d'entrer plus avant dans la voie qu'il a cru bon de prendre. Si on l'avait voulu, depuis les 20 août et 3 septembre, les forces conservatrices auraient maintenant une vingtaine de sièges de plus dans l'Assemblée législative et elles seraient plus en mesure de se faire respecter.

Bannissons donc toute hésitation, ne donnons entrée ni au découragement ni aux objections que pourrait nous fournir un scepticisme déguisé sous le nom de prudence. Le sol est fécond, la moisson est prête, l'occasion est opportune. Que des Pyrénées aux Alpes, des Vosges à la Méditerranée, un souffle de patriotisme passe sur la France; que toutes les bonnes volontés se met, tent à l'œuvre sans retard et sans relâche pour former sur toute la surface du pays des Comités d'action, base première de cette organisation qu'on réclame à grands cris. Que cette organisation enrégimente dans ses vastes cadres la jeune démocratie tout entière; qu'elle se fasse son éducatrice et son guide; qu'elle l'entraîne à la suite du drapeau national, et qu'elle la conduise unie et compacte au combat, c'est-à-dire à la victoire.

Le Souverain Pontife vient de le déclarer encore une fois à un écrivain distingué, M. Henri Joly, du *Correspondant :* « C'est « pourtant bien clair ce que j'ai dit : accepter la Constitution « pour améliorer la législation! Mais changer la législation, « cela ne peut pas se faire en un jour : il faut de la patience. « Parce qu'ils ont dit *les lois scélérates*, ils s'imaginent avoir « tout dit, et ils voudraient les faire supprimer d'emblée. Ce « n'est pas possible! Qu'ils voient donc ce qu'avec le temps j'ai « obtenu en Allemagne pour le retrait des lois de mai, pour le « rappel des ordres religieux! Ah! il faut agir, mais pas une fois « et avec emportement, il faut agir toujours! »

En attendant les splendeurs de cet avenir, les craintes et les espérances du présent nous pressent, elles aussi, de nous organiser. Nous l'avons vu. Les événements qui viennent de se passer ont démontré, avec la dernière évidence, qu'à mesure que la France avancera dans la voie qui lui a été tracée par le Souverain Pontife et qu'elle reviendra à ses traditions chrétiennes, à mesure aussi l'amitié de la Russie deviendra plus intime et plus solide.

Aux catholiques donc, aux hommes honnêtes et sensés de tous les partis de poursuivre et d'achever le relèvement de leur patrie commencé par le grand Pontife. Tout le fait penser aujourd'hui. La France a avec elle la force matérielle la plus puissante de ce monde; elle a pour elle la plus grande force morale qui soit sur la terre : elle a avec elle et pour elle la Russie et le Vatican!

Réunissez-vous tous : organisez-vous, grands et petits, ecclésiastiques et laïques, patrons et ouvriers, pour vous opposer à vos ennemis communs, les sectaires, les radicaux, les socialistes. Plus vous diminuerez leur rôle dans les destinées de la patrie, plus vous pousserez la France à se rendre digne de ses augustes alliés : à resserrer les liens qui unissent votre patrie à ces deux colosses!

Que la constance invincible de Léon XIII à travailler au relèvement de votre pays soutienne vos efforts et vous inspire une indomptable persévérance. Que ses lumineux enseignements, qui vous ont tracé le chemin, vous fassent éviter les écueils! Que, dégagés à son exemple de toute préoccupation personnelle, vous obéissiez toujours et uniquement aux deux plus grands amours qui peuvent embraser un cœur d'homme : l'amour de Dieu et l'amour de la patrie!

C'est en agissant de la sorte que le *Dieu qui protège la France* bénira vos efforts, et qu'à l'aube du vingtième siècle nous verrons surgir de nouveau les

Gesta Dei per Francos.

FIN.

TABLE DES MATIÈRES.

PREMIÈRE PARTIE.

AVANTAGES, PUISSANCE ET NÉCESSITÉ DE L'ORGANISATION.

CHAPITRE VIII.

Continuation du même sujet.

CHAPITRE IX.

CHAPITRE X.

Combien il importe de s'organiser tout de suite pour se préparer aux nouvelles élections.

DEUXIÈME PARTIE.

PLAN GÉNÉRAL D'UNE ORGANISATION
DES FORCES CONSERVATRICES

CHAPITRE XI.

Grandes lignes de cette organisation.

CHAPITRE XII.

Comités locaux.

CHAPITRE XVI.

Action des Comités en temps de lutte.

CHAPITRE XVII.

Avantages de cette organisation.

CHAPITRE XVIII.

FIN DE LA TABLE DES MATIÈRES.